Q&A

持株会社化の考え方と進め方

グループ経営高度化に向けた実務のポイント

三菱UFJリサーチ&コンサルティング
コーポレートアドバイザリー部

黒田裕司 [著]

一般社団法人 金融財政事情研究会

はじめに

1997年の独占禁止法の改正より純粋持株会社が解禁されて二十余年、持株会社体制を採用する上場会社グループは500社を超え、一般的なグループ経営体制としてすっかり定着した感があります。

純粋持株会社を頂点とする統治形態は、グループ組織の一形態にすぎませんが、事業部制やカンパニー制とは異なり、「法人格の分離」という明確な特徴があるがゆえに、巧みに活用すれば他の組織体制にはない絶大な効用が期待できます。その一方、設計や運用を間違えば、そのマイナスインパクトもまた甚大であり、さらに移行には必ず企業組織再編が伴うため、その論点は多岐にわたり、それぞれについて慎重な検討が不可欠となります。

持株会社化の検討やその具体化を進めるなかで、検討・実行の責任者や担当者は、実に多くの不明点や疑問点に直面することになります。持株会社化に初めて携わる方がほとんどであることに加え、事例は多数ありながらも、その内部事情について外部からうかがい知ることはむずかしいため、持株会社体制の本質を理解しないままに移行に邁進してしまうケース、不確かな情報を頼りに手探り状態で検討を進めているケースも散見されます。そしてその結果として、移行後にむしろデメリットが目立ってしまった残念なケースもゼロではないように思われます。

筆者は経営コンサルタントとして、これまで多くの企業から持株会社化の相談を受け、実際に検討やその実行実務の支援をする機会を得てきました。また時には、持株会社化後に、その体制の見直し等に関する相談を受けることもあります。本書は、その経験に基づき、Q&A形式で、数々の疑問に対する考え方や場合によっては解そのものを提示しています。それぞれのQは、すべて筆者が実際に受けた質問に基づいて構成し、できるだけリアリティのある内容となるように心がけたつもりです。また検討開始から移行完了までの特定の段階に偏らず、網羅的に記載することを意識しました。

他方、Q&A形式ということもあり、特に第Ⅴ章の実行実務に関しては、具体的な手順や手続の体系的な解説は数多くの専門書に譲り、本書では実務を進めるうえで生じるであろう疑問の解消に焦点を当てて解説をしています。多くの読者にとってなじみのないと思われる専門用語も、できるだけ平易に言い換えました。

　本書は、基本的には上場会社や、それに類する企業規模の会社が、グループ経営の高度化等を目的とする組織戦略の一環として行う持株会社化を念頭に置いています。その一方で、非上場のオーナー企業においては、同時に、相続における株価高騰の抑制策としての側面を考慮することも少なくないため、その点についても一部の紙面を割きました。

　本書が、持株会社化への移行を検討・推進しようとする経営者や管理部門スタッフの方々にとって、「迷いかけたときの道しるべ」となれば幸いです。

（注）　特に注を付した場合を除き、本書では「純粋持株会社」を「持株会社」と
　　　記載します。

目　次

Ⅰ　持株会社化の構想―方針決定―

Ⅲ　持株会社の機能・組織と収益基盤等の設計

V 組織再編の実行実務

VI　持株会社化・その他の論点
（主に非上場会社を念頭に置いた場合）

I

持株会社化の構想
―方針決定―

1 持株会社化の意義

Q1 **持株会社とは何か**

　持株会社とは、文字どおり、会社の株式を保有する会社です。持株会社は、**株式の保有を通じて、傘下の会社を支配し、管理・統括することを目的**とし、「**事業持株会社**」と「**純粋持株会社**」に大別されます。両社の違いを端的にいうと、事業持株会社は株式を保有しながら自らも事業を行う会社です。対して純粋持株会社は、自らは事業を行わず、株式を保有するグループ会社の管理・統括に専念する会社です。一般的に、単に「持株会社」といった場合、後者の純粋持株会社のことを指すことが多く、本書のタイトルも同様です。

　経営組織の観点における純粋持株会社のポイントは、「**全社経営と事業運営の分離**」です。そして分離の方法として、それぞれの主体を「全社（グループ全体）経営を行う持株会社」と「事業運営を行う事業会社」というかたちで別法人にしてしまう点に大きな特徴があります。

　では、分離することにより、どのような効果が期待できるのでしょうか。

図表Ⅰ－1　持株会社化のイメージ

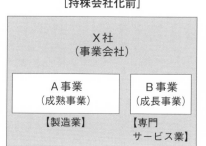

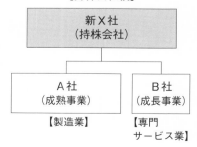

たとえば、図表I－1のように、X社という会社が純粋持株会社体制に移行したとします。X社では、組業であるA事業は成熟期に入っており、会社の成長のためには他の事業を伸ばす必要があるのですが、現在の体制では、人材や投資資金といった経営資源は、どうしてもA事業に優先的に振り向けられがちとなります。成長中のB事業は専門サービス業で、個人の力量が成果を大きく左右する事業特性があります。そのため、成果主義型の人事制度を導入し、勤務時間もフレックスタイムが望ましいかもしれないのですが、製造業であるX社内で実現するのはむずかしいのです。持株会社体制に移行すれば、グループ全体最適の観点で、B事業への経営資源の投入や、独自の制度の導入等が進めやすくなることが期待できます。そして、持株会社は個々の事業の推進については、各事業会社に基本的な権限を委ねます。

このように、全社経営の機能と、各事業を遂行する機能を、法人格の分離を伴ったかたちで明確に分けることにより、図表I－2のようなさまざまな効果が期待できるのです。期待効果はあくまでも一般論であり、その会社の組織風土や人材の状況、事業特性や各事業の現状等によって大きく異なります。また、どのような持株会社をつくってどのように運営するかによっても異なります。さらにいえば、デメリットや弊害の発生有無やその影響度合いも同様ですので、持株会社化の際の設計は慎重に行う必要があるのです。

図表I－2　持株会社化の期待効果（一例）

- ✓ グループ経営管理の高度化
- ✓ 事業部門の意思決定の迅速化
- ✓ 業績責任の明確化
- ✓ 新分野への進出の促進
- ✓ M&Aや企業組織再編の促進
- ✓ 組織の活性化
- ✓ 業種業態にあわせた制度の導入
- ✓ 経営者人材の育成

Q2 持株会社化の目的、ねらいとして最も多いのは何か

　持株会社化には多くのメリットがあり、何をねらって行うのかはまさに各社各様といえますが、まずは「**グループ経営管理の高度化**」「**意思決定の迅速化**」「**業績責任の明確化**」があげられます。これらは「全社経営と事業運営の分離」「法人格の分離」という持株会社の特徴に付随するもので、多くの企業が目的に掲げるのも当然といえます。関連して、特にここ数年急増しているのが、「**ガバナンスの強化**」です。これも事業運営の主体から管理監督機能を分離することによって期待される効果です。コーポレートガバナンス・コード等への対応が求められていることが背景にあるものと推察されます。

　次に多いのは、「**M&Aの推進**」や「**新規事業の強化**」です。持株会社化が、なぜM&Aの推進につながるのでしょうか。これは、特に同業他社のM&Aにおいて、売り手側が「競争相手の傘下に入りたくない」という思いを抱くケースが多いなかで、持株会社によるM&Aであれば、持株会社傘下で兄弟会社になるため、心理的な抵抗が少なく、交渉が進めやすいためです。また、新規事業の育成目的のM&Aであれば、【Q1】で述べたような観点からも、持株会社体制下のほうが進めやすいといえます。「**成長加速**」のための持株会社化です。

　プレスリリースではまずお目にかかることはないものの、「**節税**」が目的とされるケースも散見されます。この節税に関する論点は、【Q7】であらためて説明します。節税同様、オープンに語られることはあまり多くはないものの、**経営者人材の育成**を目的とする持株会社化も少なくありません。事業部等の社内の部門責任者ではなく、持株会社傘下とはいえ独立した企業の経営を任せることで、次世代のグループ全体の経営者として育成を図ろうというものです。複数の事業部門をもつ全社経営を任せることはまだむずかし

図表 I－3　グループ再編型と経営統合型

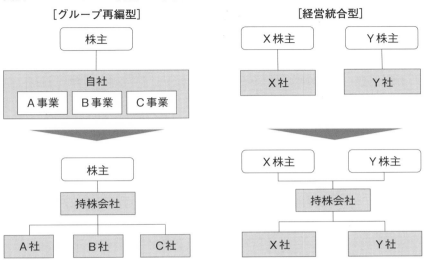

そうだが、単独の事業であれば可能との判断で、複数の後継者候補を分社した事業会社の社長として競わせるといったケースも散見されます。非上場会社に多い事例といえます。

　ところで、組織再編という観点から持株会社を分類すると、グループ組織の変更によりさまざまなメリットを実現しようとする「グループ再編型」と、複数の独立した企業グループを経営統合するための「経営統合型」に大別されます（図表 I－3）。本書における Q は、この【Q2】も含め、すべて「グループ再編型」を想定したものです。「経営統合型」については、最後の第Ⅵ章で触れます。

Q3 純粋持株会社体制が事業持株会社体制と、最も異なる点は何か

　両者の違いは、持株会社自身が事業を行うか、事業会社の管理・統括に徹するか、ということに尽きます。そして、持株会社自身が事業を行わないほうが、グループ全体最適を見据えた意思決定や経営資源配分が行いやすくなる、と考えられます。逆にいえば、事業持株会社においては、持株会社（親会社）の事業に偏った意思決定や経営資源配分がなされる可能性が相対的に高まってしまうため、それを回避する必要性が高まったときに、純粋持株会社化が検討されることになります。

　典型的なケースは、主力事業の成長が鈍化し、他の事業の拡大や新規事業の育成が重要な経営課題となっている企業グループでしょう。**他事業の拡大や新規事業の育成を強力に推進するために資するグループ組織体制として、**純粋持株会社化が検討されることになります。組織のあり方を変えただけで、新規事業が急拡大することはないかもしれませんが、**経営の意思、本気度を役員や従業員に示す**という意味で、組織体制の変革のインパクトは小さいものではありません。実際に、純粋持株会社化においては、少なからず、一部の役員や従業員の意識改革がそのねらいに含まれています。

　なお、純粋持株会社においては、持株会社自身が事業を行わないため、単独で収益をあげることはできません。したがって、持株会社の収益は、傘下の事業会社からの配当や経営指導料等が頼りとなります。純粋持株会社化に際しては、自らは事業を行わない持株会社に生じるコストをできるだけ正確に試算し、それを十分にかつ安定的にまかなうための収益をどのように確保するかの設計が不可欠です。この点については、第Ⅲ章でくわしく説明します。

Q4 持株会社体制とカンパニー制とは何が違うのか

　これは持株会社化検討の初期段階で、よくいただく質問です。持株会社体制とよく比較される組織体制として、「カンパニー制」があります。カンパニー制は、図表Ⅰ－4のように事業部制組織の発展型と位置づけられ、会社内に疑似的に設けた「社内カンパニー」という組織をあたかも一つの会社のように運営するものです。社内カンパニーでは、管理会計上の財務諸表、すなわち損益計算書（PL）と貸借対象表（BS、バランスシート）を作成します。

　事業部制との最大の違いは、**BSの管理がなされるところ**にあります。事業単位やカンパニー単位での損益管理をするところまでは同じですが、カンパニー制では各カンパニーが純資産と負債をもつことになります。事業部制のもとでは、事業部があげた利益はその年度ごとにリセットされ、蓄積されることはありません。これに対して、カンパニーがあげた利益は純資産とし

図表Ⅰ－4　分権化をねらった企業の組織形態の変遷

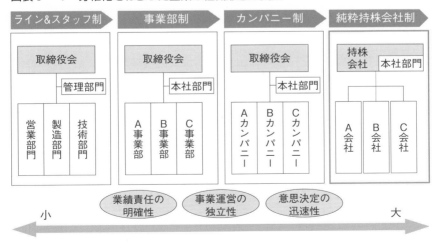

て年度をまたいで蓄積され、逆に損失が出れば純資産は減少します。損失が続き、マイナスになれば、管理会計上とはいえ、そのカンパニーは倒産することになります。またBSがあることによって、ROA（Return On Asset、総資産利益率）のような資本効率に関する指標で管理することも可能になります。

　以上が、事業部制との違いという観点からの、カンパニー制の特徴です。では、カンパニー制と持株会社制の違いは何かというと、前者は疑似的なカンパニーにすぎませんが、後者は**各事業を実際に独立した別法人として運営**するという点です。そして実際に法人格を分離することによって、事業部制に対してカンパニー制が有するメリットを、より明確に享受することができます。もちろん逆にデメリットも大きくなりますので、その点に注意して設計をすることが必要になります。

　図表Ⅰ－5をみていただくとわかるように、カンパニー制は事業部制と持株会社制の両方のメリットを併せ持つ制度なのですが、誤解をおそれずにい

図表Ⅰ－5　事業単位型組織の比較

マネジメント上の論点	事業部制	カンパニー制	持株会社制
マネジメントの権限と責任の明確化	×	△	○
意思決定のスピード	×	△	○
事業単位の再編の実行	×	△	○
従業員の損益に対する緊張感の醸成	×	△	○
柔軟な人事・処遇制度の採用	×	△	○
柔軟な人事異動、人材再配置	○	△	×
会社（グループ）の一体感の醸成	○	△	×
全情報・ノウハウの共有	○	△	×
間接部門のコスト・経営管理コスト	○	△	×
税務コスト	○	○	△

（注）　○／△／×はいずれも三者間の相対比較。

えば、どちらつかずで中途半端感は否めません。組織体制というのは、幹部人事などと同様に、経営としての明確な意思を示すものでもありますので、自社グループのあるべき姿としてふさわしいという結論に至れば、思い切って持株会社制を志向すべきでしょう。しかし検討の結果、さまざまな弊害が大きい場合には、代替案としてのカンパニー制導入も検討しうるものと考えます。

2　持株会社化の成功の秘訣や前提条件

Q5　持株会社化で期待した成果を実現するためのポイントは？

　これも持株会社化検討の初期段階で、よくいただく質問です。持株会社の本質は「**全社経営と事業運営の分離**」にあり、ここが起点となって、さまざまなメリットを享受することが可能となります。したがって、この特徴のよさが発揮できないような運営をしてしまうと、持株会社化のメリットはたちまちデメリットに変わってしまいます。

　成果を実現するためのポイントは、第一に、**事業運営に関する権限については、大胆に事業会社に移譲**することです。ここは死活のポイントともいえます。なぜなら、事業を分社したのに、事業上の判断をつど持株会社に仰いでいては、事業会社側では機動的な事業運営ができませんし、持株会社の側が全社経営に専念することも困難です。何のための持株会社化なのかわからなくなってしまうだけでなく、事業会社と持株会社という2つの組織で経営判断が必要になる、いわゆる「屋上屋を架す」状態になります。非効率であることはもちろん、従業員のモチベーションも確実にダウンすることになります。

　事業会社に大きな裁量を与えるためには、**事業会社に対する権限規程（グループ会社権限規程）をしっかりと整備**する必要があります。「規程を整備する」というと、持株会社による事業会社の統制強化のように聞こえるかもしれませんが、そうではありません。大胆に権限移譲をしようと思えば、そうしても問題が生じないように、重要な管理上のポイントをしっかりと押さえてルール化する必要があります。それによって、それ以外の部分で大きな裁量を与えることができるのです。

　もう一つのポイントは、**事業計画の綿密なすり合わせを通じた経営管理を**

図表Ⅰ－6　持株会社化で期待した成果を得るためのポイント（イメージ）

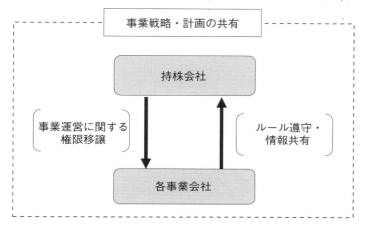

行うことです。グループ全体の視点で事業戦略の方向性などをそろえつつ、
持株会社と事業会社とで事業計画を共有することにより、事業推進における
主体的かつ迅速な意思決定が可能になります。この点については、第Ⅳ章で
くわしく述べます。

Q6 持株会社化にふさわしい会社規模の下限はあるか

　中堅企業の経営企画の方から、「当社のような規模で、持株会社化なんてできるのか」といった疑問を投げかけられることは少なくありません。企業規模にかかわらず持株会社化は可能ですし、法的な規制もありませんが、**持株会社体制によるグループ経営のメリットを享受しやすい規模という観点からは、グループ売上高で200〜300億円以上、グループ従業員数で300〜400人以上が一つの目安**かと思われます。各社固有の事情や業種・業態はもちろん、何を目的とするかによって異なるため一概にはいえませんので、できない、やるべきでない、ということではなく、あくまでもメリットを享受しやすい規模感とお考えください。

　持株会社体制の基本コンセプトは、「持株会社では全社経営を、事業会社では事業推進を」です。ならば、持株会社と事業会社に、それぞれのミッションを遂行する人材を配置する必要がありますが、一般的に中堅企業では管理部門の人材が不足しがちであり、持株会社化の際には、管理職を中心に一部の従業員が兼務する例が多くみられます。現実的な方法ではありますが、兼務者の役割を明確にしてできるだけ人数を絞り、最終的な姿に至るまでの過渡的な措置と位置づけて将来の体制を考えておくべきでしょう。できる限り持株会社に管理機能を集約するなど、組織設計上の工夫も必要となります。

　また、持株会社化すると、グループ全体にかかる実務負担やコストは一定程度増加します。たとえば、3つの事業を運営する会社が、持株会社と3事業会社の4社に分社したとしましょう。1社当りの負担はいくぶん小さくなるでしょうが、取締役会や株主総会は4社それぞれで実施し、決算と税務申告は4社分の対応が必要です。分社によって各事業の収益性は透明度が増しますが、非上場会社の場合には、グループ全体の業績把握のための連結会計

の導入は必須となります。これはほんの一例ですが、分社によって、会社単位で実施が必要な事項が増え、逆にグループ全体で横串を通さないと不具合が生じる事項も出てきます。分社した会社の単位が小さくなればなるほど、負担感は増し、無駄が生じやすくなります。

　といっても、以上のようなデメリットは絶対的なものではなく、持株会社化によって得られるメリットとの比較において判断されるべきです。企業規模が小さいと、運営にかかる負担がより大きくなるわけですが、それを補ってあまりあるメリットがあれば、実行すべきという判断も十分ありえます。【Q73】で述べる株価高騰を抑制するための持株会社化のほか、分社した各社の経営を任せることで経営人材の育成をねらう持株会社化は、中小企業においてもよくみられるケースです。

Q7 持株会社化すると節税メリットがあると聞いたが、具体的な要件は？

　持株会社化によって税負担が減るケースの多くは、市区町村等の行政区をまたいで多拠点を運営する企業です。典型的な例として、チェーン展開する小売業や飲食業があります。負担が減る可能性が高いのは、「**法人住民税均等割**」です。

　本税は、図表Ⅰ－7のようなマトリックスで税額が決まります。こちらは調布市の例で、自治体により若干の違いはありますが、基本的な仕組みはほぼ同様です。税額を抑える方法は3つ、**①資本金等の額を減らす、②市区町村ごとの従業員数を減らす、③事業所を置く自治体の数を減らす**、です。資本金等の額は、正確でないことを承知でわかりやすくいってしまえば、税務上の資本の部の額であり、基本的には会計上の資本金と資本剰余金の合計です。資本金等の額12億円、従業員200人、事業所は本社のみの1カ所、という企業を仮定し、図表Ⅰ－7に当てはめると、法人市民税は175万円となります。この企業が持株会社となり、傘下に資本金1億円（注）の事業会社を

図表Ⅰ－7　法人住民税均等割表の一例（調布市の場合）

資本金等の額	調布市内の事務所等の従業者数が50人以下	調布市内の事務所等の従業者数が50人超
50億円超	41万円	300万円
10億円を超え50億円以下	41万円	175万円
1億円を超え10億円以下	16万円	40万円
1,000万円を超え1億円以下	13万円	15万円
1,000万円以下	5万円	12万円
上記以外の法人等	5万円	5万円

（注）　資本金等とは、資本金の額または出資金額＋資本積立金額である。
（出所）　調布市Webサイト

設立して、従業員のうち170人が転籍したとしますと、税額は持株会社のほうが41万円、事業会社のほうが15万円で、合計56万円となり、100万円以上減少します。この例では1事業所のみですが、拠点のある市区町村の数が多ければ、比例して節税効果も大きくなります。

　では、持株会社化すると税負担が必ず減るのかというと、そう単純な話ではありません。同じ例で、事業会社への転籍者が140人で持株会社には60人が残るとすると、持株会社は50人超のままなので175万円から変化なしで、事業会社の分が新たに15万円増えるだけとなります。多くの場合、持株会社化による事業運営上のメリットによって少々のコスト増は吸収できるという判断がなされますが、実行してみたら想定外の税負担増になってしまったという事態は、絶対に避けなければなりません。また、影響は比較的小さい場合が多いものの、持株会社において課税売上割合が低下すると消費税を満額控除できないなどの問題が生じることもあります。このような事態を避けるために、専門家を交えた慎重な検討やシミュレーションをふまえた設計は、しっかりと行う必要があるのです。

　結果として節税となるに越したことはありませんが、**節税ありきの再編はおすすめできません。**それにより経営そのものにマイナスの影響を及ぼしては本末転倒ですし、税制というのはその時々で変更されることがある、ということも念頭に置いて判断すべきでしょう。検討の主眼は節税よりも、再編による税負担増のミニマイズに置くべきであり、繰り返しになりますが、特に**想定外の負担増がないように丁寧な確認や税額シミュレーションを行う**ことが大切です。

【注】
　この例では、新会社の資本金等の額は、資本金と同額になっているものとする。

Q8 持株会社体制に移行した後、また元に戻ってしまうこともあるのか

　グループ組織体制は必ずしも恒久的なものではなく、その時々の経営環境や自社の事業戦略等によって、柔軟に変化させるべきものです。したがって、**持株会社の廃止事例ももちろんあります**（注１）。

　廃止のパターンは【Ｑ２】で述べた、「経営統合型」と「グループ再編型」２つのケースによって異なります。前者はそもそもグループ経営の高度化といった持株会社体制の経営的なメリットの享受をねらったものではなく、経営統合をソフトランディングさせるための連結器として持株会社を活用しているので、統合が完了すれば持株会社体制を見直すことも当然あります。持株会社化の公表の時点で、廃止の予定時期に言及している事例も少なくありません。

　国際石油開発と帝国石油は2006年に共同株式移転により国際石油開発帝石ホールディングスを設立し、その傘下に２事業会社を並列させるかたちで経営統合を果たしましたが、当初の予定どおりその２年後の2008年に両社を吸収合併し、持株会社体制を廃止しています。これは、統合時に両社を合併するのではなく、持株会社を連結器として活用して統合作業を円滑に進めたうえで持株会社体制を廃止した典型的なケースと思われます。

　グループ再編型による廃止事例としては、富士電機のケースがよく知られています。同社は1999年にカンパニー制を採用し、４年後の2003年に各カンパニーにいっそうの「自己責任経営」を促すことなどをねらい、持株会社体制に移行しました。そしてその８年後の2011年には、事業会社の富士電機システムズ等を吸収合併して持株会社体制を廃止しています。プレスリリース等では廃止理由の詳細はよくわかりませんが、いくつかの開示資料や報道等を総合すると、「エネルギー・環境」事業への注力という攻めの側面に加え、各事業会社の自立のマイナス面、すなわち会社間の壁によるグループ横

図表Ⅰ-8　純粋持株会社体制の廃止事例

会社名	導入	廃止	持株会社体制期間
イオンフィナンシャルサービス株式会社	2013年4月1日	2019年4月1日	6.0年
山田コンサルティンググループ株式会社	2002年10月1日	2018年4月1日	15.5年
株式会社ファンケル	2014年4月1日	2017年4月1日	3.0年
シチズンホールディングス株式会社（廃止後：シチズン時計株式会社）	2007年4月1日	2016年10月1日	9.5年
旭化成株式会社	2003年10月1日	2016年4月1日	12.5年
株式会社コネクトホールディングス（廃止後：株式会社ジー・スリーホールディングス）	2011年3月1日	2016年1月5日	4.9年
東邦ホールディングス株式会社	2009年4月1日	2015年6月26日	6.2年

（出所）　各社プレスリリースに基づき筆者作成

断的な情報共有や人材交流の遅滞、それによる事業スピードや開発力等の低下といった課題が生じていたことがうかがわれます。決定時期をふまえると、リーマンショックも意思決定を後押しする遠因となったのではないかと想像します。

　図表Ⅰ-8は、過去5年間に持株会社を廃止したグループ再編型の上場会社です。すでに一定の母数が存在し、また同時期に130社以上が持株会社化していることを考えると（注2）、**廃止されるケースはかなり少ない**といえるでしょう。

【注】
1　純粋持株会社の廃止であり、純粋持株会社から事業持株会社に移行するケースを含む。
2　いずれも各社プレスリリース等に基づく弊社調べ。

Q9 持株会社化は、株価にどのような影響を与えるのか

　持株会社化の直接的な目的は【Q 2】で述べたとおりですが、究極的には企業価値の向上を意図していることに疑いの余地はありません。では、持株会社化すると、それによる企業価値の向上への期待感が高まり、上場会社の株価にポジティブな影響を与えるのでしょうか。

　筆者の知る限り、残念ながらそれを証明するようなデータは存在していません（注）。データがないのならば調べてみようということで、グループ再編型で持株会社化した上場会社数十社について、リリース直前、直後、1カ月後、1年後、5年後といった時点の株価の推移を調査したことがあります。いくつかの手法を用いて分析を試みましたが、それぞれの時期に上昇もあれば下落もあり、サンプル数が少ないこともあって、特定の傾向を確認することはできませんでした。

　とはいえ、そもそもの目的を考えると、持株会社化が当該企業の重要な戦略課題の解決策の推進に資する組織体制と認められ、その課題認識や持株会社化の意図が正しく市場に伝わる限りにおいて、それは株価の上昇要因になってしかるべきです。「株価に影響はない」のではなく、経済全体の動向、経営環境の変化、競合他社の動向、自社の業績見通し等々、株価形成にかかわる要素は多数でかつ複雑に絡み合っており、組織体制の変化以外の要素が与える影響に包含されてしまうと考えるべきでしょう。

　持株会社化を検討している企業から何度か受けたことがあるのは、実は逆の質問で「持株会社化によって、株価が下がったりはしないか」というものです。そもそも株価にマイナスの影響を与えるような持株会社化を進めてしまっては、取締役として責任を問われることにもなりかねないので、経営層が合理的な意思決定をする限り、**理屈のうえでは株価が下がる要因になることはない**、と断言できます。とはいえ、持株会社化についてのポジティブな

メッセージが出せない、つまり持株会社化のねらいや意図を適切に説明することができなければ、組織再編のための労力とコスト、さらに体制移行後の運営コストが業績を下押しするだけに終わる懸念を生じさせるおそれもあるので、注意が必要です。

【注】

　東京都立大学の松田千恵子教授は、「単独の事業しか持たないにもかかわらず純粋持株会社化を行い、事業会社としての上場をいったん廃止し、純粋持株会社が改めて上場した企業であり、その後一年以内に外部情報から判断し得る事業や組織、資本の移動を行わなかった企業」23社を対象に分析を行った結果、「単独事業持株会社における純粋持株会社化に対して、株主はポジティブに反応していない」と結論づけている。これは、Q11で述べているような特定のケースを対象とした調査である点に留意が必要である。

3　持株会社のデメリット、留意点

Q10　持株会社化のデメリットや注意すべき点は何か

　【Q1】で述べたとおり、持株会社化の最大の特徴は、「全社経営と事業運営の分離」「法人格の分離」の2つです。すなわち、「分ける」ことによる効果をねらっており、逆にデメリットは、この「分ける」ことから生じる反作用です。

　まず1つの会社を2つに分ける、さらに2つの会社間で取引が生じるなどすると、**これまでになかった業務が増える**ことになります。ある程度の業務負荷の増加は、持株会社化の宿命といえます。ただし、その影響は軽微なことがほとんどです。

　また、**税負担増**にも注意が必要です。減少するケースもあるため、必ずしもデメリットとはいえないのですが、増加することも少なくないため、事前の試算や対策の検討が不可欠です。税負担に関する論点は多岐にわたり、具体的な内容は、【Q7】、【Q22】、【Q38】、【Q40】、【Q42】、【Q43】、【Q54】、【Q66】、【Q73】などで解説しています。

　本質的な問題は、いわゆる「**遠心力**」が働きすぎてしまうことです。同じ会社の従業員が別々の会社になると、同じグループとはいえ、一体感は少々低下するかもしれません。せっかく分けたのだから、業績評価を別々にする、徐々に処遇も変えていく、ということになると、なおさらでしょう。

　では遠心力が働かないようにすればよいのかといえば、それは少し無理がある話です。持株会社化というのは、各事業の独立性を高めることで、士気向上、危機感の醸成等を図り、また自立的な事業運営を通じて経営人材の育成等をねらうものであり、一定の遠心力はむしろ必要な要素なのです。ただし、これが利きすぎてしまうと、各社が部分最適に走り、組織の間に壁がで

きがちで、時には子会社間で顧客を奪い合うような事態にもなりえます。メリットを享受しながらデメリットを抑制するというバランスが大切であり、持株会社による適切なマネジメントがおおいに求められるところです。

　持株会社と事業会社それぞれの立場の違いに起因して、問題が生じることもあります。持株会社のスタッフが現場から離れてしまうことで、**グループ戦略が事業の実態から遊離**してしまったり、逆に実態掌握に努めようとするあまり**持株会社による事業運営への過剰介入**が起こったり、というケースも散見されます。いずれも事業会社のモチベーションの低下を招き、不健全なかたちで遠心力を加速する要因ともなります。具体的にどうすればよいのかは、第Ⅳ章で説明します。

　また、デメリットとは少し違いますが、組織再編にかかる**コストの発生**や、組織の大幅な変更、マネジメント・ルール等の見直しに伴う**社内の混乱**等もあります。これらはあくまでも一過性のものであり、特に前者については、適切な再編スキームや手順を採用することにより、ミニマイズすることが可能です。

Q11 事業ごとに分社せずに、現在の事業会社の上に持株会社を設立する例もあるようだが、どのような意味があるのか

　持株会社組織の基本的なかたちは、複数の事業会社を傘下に置いたグループ組織体制です。持株会社の傘下に事業会社が１社だけという組織体制は、各事業の運営を全社経営から独立させてそれぞれが成長を目指すという持株会社体制の本来の姿とはいえません。事業が１つしかないのであれば、持株会社組織が享受しうる多くのメリットが意味のないものになるからです。しかし、ご質問のように、新たに持株会社とした会社の傘下に既存事業のすべてを営む事業会社が１社、というかたちでの持株会社化は、ままあるのです。

　考えられるのは、**近い将来にM&A等で新たな事業を獲得することを見据えて、その前段階として現在の中核会社を事業会社とする持株会社化に踏み**

図表Ⅰ－9　単独事業を営む持株会社化（イメージ）

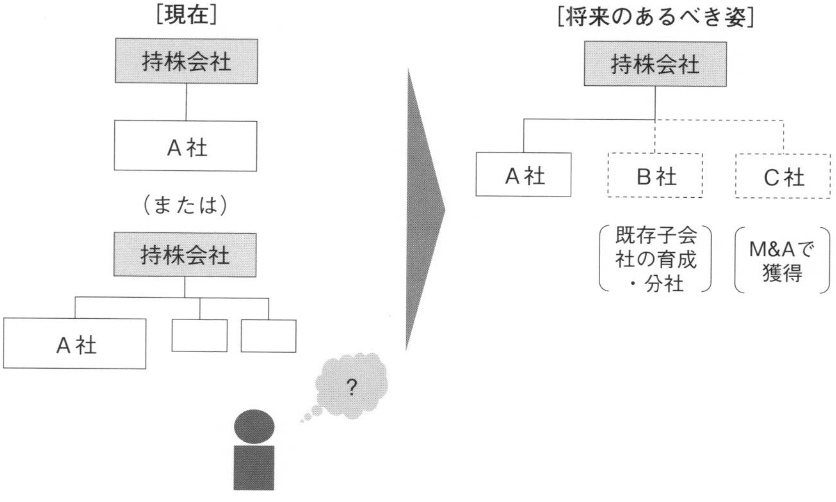

切ったケースです。この場合は、持株会社化の時点では持株会社傘下に事業会社が1社だけとなりますが、将来のあるべき姿として、新たに獲得したいくつかの事業会社が並列し、複数事業を傘下に置いた持株会社体制を想定しているわけです。

　これに近いケースとしてよくあるのが、持株会社傘下には中核的な事業会社が1社と、その子会社であった数社が兄弟会社として並列する姿です。これは、主力事業が成熟期を迎えつつあり、子会社で営んでいる成長事業の育成を後押ししたい場合の典型例の一つです。このケースも、**将来のあるべき姿に向けた第一歩としての持株会社化**といえます。

　このほか、【Q7】で述べた節税目的も考えられる背景の一つです。

上場会社の従業員ではなくなること が、モチベーションに影響しないか

　よくいただく質問の一つです。後述する再編スキームにかかわらず、持株会社化することによって、事業推進を担う大部分の従業員は持株会社（上場会社）の子会社である非上場会社の従業員となります。この点について、マネジメント層が不安を感じることはよく理解できますが、**経験上、それによる明らかなモチベーション・ダウンや、それを感じさせるような反発や不安の声が多数あがるという事象は、これまで一度もありません。**

　純粋持株会社が解禁された直後の2000年前後であれば、そのような声も少なくなかったのかもしれません。2000年といえば、いわゆる会計ビッグバンが起こった年であり、上場会社には連結財務諸表の開示が義務づけられました。これを境に日本企業は行き過ぎた親会社中心主義から、グループ連結経営の時代に入ったといえます。持株会社体制を採用する企業グループも増え始め、それがどういうものかの理解も浸透しつつあります。グループを代表して持株会社が上場を続け、事業会社はそのグループの構成員になる、という意識をもってもらうことに、さほど違和感はないでしょう。

　事業持株会社傘下の子会社は、親会社の事業を支える会社のようにみなされがちですが、純粋持株会社傘下の事業会社は、事業を営まない持株会社に対して事業を推進して価値を生み出す存在、いわばグループの主役・主体はこちらだという印象を与えていることが一般的かと思います。したがって、持株会社化に際しての従業員に対する丁寧な説明はもちろん欠かせませんが、ご質問の点については、あまり心配はないのではないかと考えます。筆者が所属するMUFGグループでも、上場しているのは持株会社である三菱UFJフィナンシャル・グループですが、グループの主役は非上場会社の三菱UFJ銀行をはじめ、信託銀行や証券会社等の事業会社ですし、従業員も「上場会社グループの所属員である」という意識をもっているはずです。

4 　持株会社化に向けた検討の進め方とポイント

Q13 移行の完了までに必要な期間はどの程度か

　これも検討の初期段階で、非常によくいただく質問です。もちろんさまざまな条件によって異なってきますが、一般的には、**上場会社の場合で、検討段階に半年から長くて1年程度、実行実務段階で半年から長くて1年半程度**、といったところでしょう。もちろんどんな社内スタッフや外部専門家によるどんな体制を組んで、どれだけの時間を投入できるかによって必要な期間は大幅に変わってきますし、特に初期的な検討の期間というのは、具体的にいつから開始したのか明確でないことも多いので、上記はあくまでも一つの目安です。また、具体的な検討は、再編実務と並行して進めることももちろん可能です。

　筆者の経験をふまえると、**検討開始から完了までは、最短でも1年程度の期間を確保することが望ましい**と考えます。他方、時間をかけて慎重に進めることに異論はないのですが、あまり時間をかけすぎると、たとえばその間に責任者やコアとなるスタッフに異動が生じたり、スキーム選択の前提となっていた財務数値や場合によっては税制が変わってきたりと、検討結果の調整や再確認に何かと時間を要するので、あまり効率的とはいえません。拙速を避けて慎重に検討しつつも、可能な限り迅速に進めることをおすすめします。再編の実行実務に関するスケジューリングについては、第Ⅱ章で説明します。

Q14 どのようなことについて、どのような 手順で検討を進めていけばよいのか

　ご質問の背景はさまざまですが、典型的なケースとしては、経営トップから持株会社化の検討指示を受けたスタッフが、「何をどう検討すればよいのか」「どこからどう手をつけたらよいのかわからない」といった悩みを抱えている状態でしょう。このようなときは、図表Ⅰ－10のステップについて説明するようにしています。

　Step 1 は、「初期検討・方針決定」です。持株会社化しようと思い立ってから、実際にそれに向かって進めようという方向性を固めるまでの各種検討を行います。具体的には、グループ経営の基本的な方針や、持株会社化したときのグループ組織体制、最適な再編スキーム、ラフ・スケジュール等を検討、決定します。

　検討開始段階で持株会社化することを前提に検討を進める場合と、持株会社化の是非をフラットに検討する場合とがありますが、多いのは前者のケースです。ただし、いずれのケースでも、持株会社化する際、あるいはした後のデメリットやリスク等については、しっかりと確認しておく必要があります。たとえば、再編時に発生する登録免許税等のコストは、場合によっては億円単位となりますので、慎重に試算するとともに、費用を抑制できる手法や手順についての検討も不可欠となります。

　Step 2 は、「組織設計と運営の仕組みの決定」です。持株会社の機能や組織の詳細を決定したうえで、持株会社体制に応じたグループ経営管理の仕組みを整備していく必要があります。現在の自社内の業務分掌や決裁権限を持株会社経営仕様に変更することに加え、持株会社化に伴い発生する新たな論点への対応も必要となります。後者の例としては、持株会社の収益基盤の検討（第Ⅲ章で説明します）や、事業会社からの配当基準の設定などがあります。

図表Ⅰ-10　持株会社化のプロセスと実施事項

Step 1 初期検討・ 方針決定	・持株会社化に向けた基本的事項の再確認（中期戦略、持株会社化のねらい、再編後のグループ体制、運営の基本方針、等） ・主要な検討論点の抽出 ・組織再編の選択肢の確認とスキームの確定 ・ラフ・スケジュールの決定 ・デメリットや課題の確認、コスト試算
Step 2 組織設計と 運営の仕組み の決定	・要検討事項の洗い出し ・持株会社体制の骨格の検討（持株会社の組織、役員人事、管理体制、等） ・持株会社の機能設計 ・持株会社の収益基盤の設計 ・グループ運営ルールの見直し ・上記に伴う、管理ツール等の作成・修正等
Step 3 組織再編の 実行実務	・実務面の実施事項の確認と役割分担 ・組織再編の詳細スケジュール（カレンダー）の作成 ・各社の財務シミュレーション ・取締役会決議、株主総会決議等の法的手続の実行 ・適時開示等の資本市場対応 ・取引先への連絡等の実務対応 ・必要書類の作成（会社定款、各種規程、組織再編関連契約書類、株主総会等の議事録、官庁提出資料、事前・事後開示書類、等）

　Step 3 は、「組織再編の実行実務」です。組織再編にかかわるタスクを細かく洗い出してスケジュールを具体化し、それに沿って、取締役会決議と適時開示、株主総会の特別決議、労働者保護手続、債権者保護手続等の法的手続を実行していきます。実施事項の内容は、会社分割か株式移転か、事業会社からいくつの事業を分社するのかなど、再編後の姿やそこに至るスキームによって大きく異なります。Step 3 については、第Ⅴ章でくわしく述べます。

　また、Step 2 と Step 3 は、大枠でいうと、仕組みを決めてから実行、という流れではあるのですが、大部分は同時並行的に進んでいきます。

Q15 初期的な検討段階で留意すべき事項は？

　【Q14】のStep 1 の最大のポイントは、そもそも持株会社化すべきかどうか、また持株会社化する場合にはどのようなスキーム、スケジュールで実施すべきかを検討し、判断することです。このほか、初期的な検討段階で留意すべき事項は多々ありますが、ここでは実務上の論点になりやすいこと、またよく質問を受けることを中心に説明します。

　まず検討を進める際に必須の事項は、**「何のために持株会社化するのか」という目的を明確にし、役員はもちろん、検討に携わるスタッフの間で認識を共有**することです。持株会社化自体の是非を検討する際はもちろん、この「目的」はさまざまな検討を進める際の判断の礎となります。

　情報管理も非常に重要です。持株会社化に伴う、株式移転や会社分割等の組織再編行為は、適時開示の対象となりますので、検討内容はもちろんのこと、持株会社化に向けた検討をしていること自体を一部のスタッフ限りの情報とし、取扱いに慎重を期す必要があります。とはいえ、持株会社化はグループ経営の仕組みの大きな転換であり、また実行には大規模な組織の再編を伴いますので、検討範囲は多岐にわたります。そこで、Step 1 の段階ではできるだけ情報共有の範囲を制限しつつ、方針が固まった段階では可能な範囲で情報を公開し、より多くのスタッフが検討作業に参画できるようにする必要があります。この点については、【Q59】で触れます。

　スキームに関連して、初期的な段階で必ず確認しなければいけない事項として、**自社における米国株主の株式保有比率**があります。これが10％を超えていると、後述する株式移転スキームを採用する場合には、米国においてForm-F 4 の対応が必要になり、長期間を要するだけでなく、コスト負担もきわめて重くなりますので、現実的に株式移転スキームの採用は困難となります。Form-F 4 については【Q28】でくわしく説明します。

Q16 移行の方針決定までに、最低限決めなければならないことは何か

　この質問に対する答えは、若干【Q15】と重複するので、簡潔に述べたいと思います。

　まず目的、すなわち「**持株会社化によって実現したいこと**」の明確化です。これは決定事項とはやや趣が違いますが、諸々の意思決定の判断基準となるものでもあり、あやふやなまま進めることは常識的にはありえません（それなのにあえて触れるのは、目的が不明確、もしくは合理的に考えて理解しにくい事例が散見されるからです）。

　次に、**持株会社化後のグループ組織体制**です。自社で複数事業を営んでいる場合には、どのようなかたちで分社するのかは必須であり、加えて、現在の子会社のどの会社を新設事業会社と並列の関係（兄弟会社）にするのか、といったことも論点になります。

　そして、**検討メンバー**も決定します。情報管理のためにも、メンバーの範囲は限定的かつ明確にする必要があります。多くの場合、管理担当役員等を検討の責任者として指名し、経営企画部門を中心に、管理部門の幹部クラスでメンバーを構成します。さらに、社内メンバーだけでなく、この段階で、検討の助言を行う外部専門家も選定します。

　外部専門家も交えて検討するのが、描いたグループ組織体制に至るための**再編のスキーム**です。さらに実行のための大まかなスケジュールとなります。その詳細は追って決めればよいのですが、**効力発生日**（いつ持株会社化するのか）と、**付議する株主総会のタイミング**は、想定時期を定めておく必要があります。

　これらの事項は、詳細検討を進めるなかで変更されることももちろんありえますが、検討を進めるうえでの土台になる事項であり、仮に暫定的であっても、いったんは考え方を固めておくべき項目となります。

Q17 コンサルティング会社等を活用せず、持株会社化を実現することは可能か

　持株会社化の支援を多数手がけてきたコンサルティング会社の立場からすると、お答えするのが少々悩ましい質問ですが、決して不可能ではありません。弊社のようなコンサルティング会社を活用するケースが大半と認識していますが、顧問弁護士や顧問税理士等の助言を得ながら自社スタッフで検討を進められているケースもあります。

　自力で進める場合の留意点として、まず**確認・検討すべき論点を明確にしておくこと**があげられます。弁護士や税理士の先生方は、「これでよいか」「これで何か問題はあるか」といった個別の質問をすれば明確な解を提示してくれますが、自社の現状や目指す姿、持株会社化の目的等に照らして、「何をどう検討すればよいか」といったことに対しては、多くの場合、解を示してくれません。これは、コンサルティング会社とは仕事の仕方や対応範囲が違うことによるものです。もちろんコンサルティング的なアプローチで仕事をされている先生方もいらっしゃいますが、一般的には上記のような傾向にあるといえるでしょう。

　したがって、コンサルティング会社等を活用せずに検討を進める前提として、社内に一定程度の知見があり、検討事項の洗い出しや基本的なスケジューリング等の組み立てが可能なことがあげられます。実際に、自力で進めている会社には、過去に他社で持株会社化を経験した管理担当役員や経営企画スタッフがいるケースが多いように思われます。また、持株会社化に伴って発生する実務負担は少なくないので、能力に加えて、企画スタッフのマンパワーに一定の余力があることも必要になると考えます。

　もう一点重要なことは、相談する弁護士や税理士等の外部専門家が、持株会社化のような大規模なグループ組織再編について一定以上の経験を有していることです。特に上場会社の組織再編は、法的手続のやり直しにはかなり

の労力が伴いますし、それが繰り返されれば市場からの信頼を失うことにも
なるため、ミスは許されません。よほど実績のある先生でない限り、個人で
はなく一定規模の弁護士事務所に依頼すべきです。また税務については、
100％グループ内の再編であれば大きな問題は生じにくいと考えますが、不
動産の移転に伴って巨額の登録免許税が発生することもあり、また再編時の
みならず、再編後についても、経営指導料の設定など税務論点は少なからず
関連してきますので、こちらも対応には相応の知見とノウハウが必要です。
もし顧問税理士の先生を中心に相談する場合には、経験豊富な大手事務所等
にセカンドオピニオンを求めることを検討するとよいでしょう。

Q18 持株会社化のプレスリリースをした後に、断念した事例はあるか。判断のポイントは何か

　多くはありませんがいくつかの事例はあり、ここ数年の間でも、TATERUやリミックスポイントなどが、持株会社体制への移行を公表した後に、中止を決定しています。TATERUが中止した理由は「当社グループにおける事業の選択と集中の観点等総合的に検討した結果」とのことで、明確にはわかりません。一方、リミックスポイントは、「（一時的な業績悪化や）今後取り組むべき優先課題、持株会社体制移行後のコスト増加等を慎重に検討した結果」と説明しています。

　過去の同様の事例におけるプレスリリース等もふまえると、ご質問の「判断のポイント」としては、**業績悪化や事業環境の急変等により、自社が対処すべきいくつかの課題のなかで、持株会社化の優先順位が後退したこと**ではないかと思われます。

　筆者がコンサルティングをしている最中に、クライアントが中止を決定したこともあります。社内の合意形成はすんで、スケジュールも固まりつつあり、複数ある事業部門をどのように分社するか等の詳細検討をしている段階でした。本件では、クライアントの大口取引先が経営破綻をしたことにより、持株会社化は急遽延期され、その後も実現することはありませんでした。

　再編自体に一定のコストが生じること、また組織再編やグループ経営体制の見直しに相当な業務負荷がかかること、さらに一時的に意思決定の混乱が生じるリスクもあることから、業績が不安定になったときには、いったん延期することも現実的な選択肢となります。上記のような事情のほか、プレスリリース後の詳細検討の結果、当初想定していなかった思わぬ再編コストの発生や運営コストの増加が判明したケースもあろうかと思いますが、公表前

の初期的検討の段階で、しっかり確認しておくべきでしょう。

　なお直近では、新型コロナウイルスの感染拡大に伴う影響を理由とした持株会社化の見送り事例も出てきています。

5 持株会社化のコスト

Q19 持株会社化の際には、どのようなコストが発生するのか

　組織再編行為において発生するコストのうち最も留意すべきものは、**不動産の移転に伴う登録免許税**です。筆者が過去に支援したなかでは、売上高数百億円規模の企業グループで、1億円近い登録免許税が発生したケースもあります。登録免許税は、新たに設立した持株会社や事業会社に現在の法人から本社ビル、工場、店舗等の建物や土地を移転する際に発生し、その額は固定資産税評価額の2％（本則）となります。たとえば、【Q23】で説明する株式移転の手法により新たに持株会社を設立し、持株会社の安定収益として不動産賃貸料が入るように、評価額10億円の本社ビルを持株会社に保有させるべく不動産の移転を行った場合、登録免許税は2,000万円となります。移転する不動産の規模が大きくなるとかなりの金額になりますが、【Q24】で説明するように、スキームの選択次第で不動産の移転は回避できることが多いので、必ず発生するわけではありません。

　この登録免許税は、資本金に対しても発生します。その額は、新設会社1社当り15万円を下限として、資本金の0.7％（本則）です。つまり資本金1億円の会社で70万円ですから、よほど資本金の額を大きくしない限り、あまり問題にはなりません（注1）。

　不動産の移転に際しては、上述の登録免許税に加えて、不動産取得税（固定資産税評価額に対し、4％（本則））もありますが、非課税要件を満たすことにより回避できますので、持株会社化に関しては負担せずにすむケースがほとんどです。

　これらに加え、税制適格組織再編に該当しない場合、株式移転の場合は自社の保有資産が、会社分割の場合は分割対象資産が時価で譲渡されたとみな

されてしまいます。といっても、グループ内の組織再編では特別なケースを
除いて非適格になることはまずないので、こちらも通常はあまり問題にはな
りません。具体的な課税関係やその他の税務上の影響については、専門書に
譲ることにしてここでは解説を省略しますが、税制適格組織再編と不動産取
得税の非課税要件については、【Q32】でポイントのみ説明します。

　法的手続に関しては、債権者保護手続が必要な場合には、官報公告であれ
ば数十万円程度の費用がかかります。

　また、上場会社が株式移転スキームを採用した場合には、既存の事業会社
を上場廃止にして新しく設立した持株会社を上場させるテクニカル上場の手
続が必要であり、上場審査料と新規上場手数料が必要になります。

　再編以外のコストは、企業グループによってさまざまであり、必ず発生す
るとも限りませんが、システムの改変や再構築の費用は、金額が大きくなる
こともあるので注意が必要です。また、別法人とすることや名称変更等に伴
うWebサイトの変更をはじめ、ロゴ、看板、名刺、封筒、ユニフォームの
変更・再調達等の総務コストも一定程度発生します。

【注】
1　後述する吸収分割の際にも発生するが、資本金を増やさないことで回避可能
　（【Q66】で解説）。
2　土地の登録免許税と不動産取得税には、2021年3月末までの軽減措置あり。
　なお後者には宅地の課税標準を2分の1とする特例もある。

図表 I-11　持株会社化の主なコスト

・登録免許税（不動産）　　　…移転する不動産の固定資産税評価額の2.0%
・登録免許税（資本金）　　　…資本金の0.7%（最低15万円）
・上場審査料・新規上場手数料…最大1,200万円（テクニカル上場の場合）
・債権者保護手続に係る公告　…数十万円
・外部専門家報酬　　　　　　…（ケースバイケース　【Q20】参照）

Q20　外部専門家に検討や実務を依頼する場合の報酬水準は？

　持株会社化のコストとして、**外部専門家に対する報酬**も発生します。まず、法的手続に関しては、登記に際して、司法書士の起用が必須となります。会社の設立や会社分割の登記、不動産移転登記のほか、場合によっては、株主総会議事録等の文案、債権者保護手続のための公告文案等の作成などを依頼することもあるでしょう。登記手続やそのために必須の法的書面の作成のみであれば、数十万円から多くとも100万円少々をみておけばよいのではと思います。ただし、膨大な件数の不動産があったりすれば、その登記にかかる報酬も相応にふくらむことになります。

　上場会社であれば、司法書士のほかに、弁護士と契約することが大半です。弁護士費用は、依頼する弁護士のチャージ・レートにより大きく異なりますし、再編のスキーム等によっても変わってきますが、筆者が関与したケースでは、ほとんどが300万〜500万円程度です。

　これらに加え、さまざまな検討や再編の実務支援にあたってコンサルティング会社を活用することが一般的です。コンサルティング会社に対するフィーは、弁護士以上に依頼する内容によって大きく異なってきます。一つの目安として、自社中心で検討し、適宜助言をもらうといったかたちで活用するならば1,000万円未満、コンサルティング会社主導で検討論点の整理や議論の取りまとめ、またスキーム検討等の作業を行い、組織再編の実行支援までを依頼する場合には、2,000万〜4,000万円程度を想定しておくとよいかと思います。

Q21 持株会社化することにより、継続的に発生するコストはあるのか

　こちらはどのような運営をするかによって大きく異なってくるうえ、基本的には間接コストなので金額イメージを示すのは困難ですが、項目としていくつかあげてみます。

　まず、複数の事業を分社するのであればもちろん、少なくとも持株会社と事業会社に法人格を分けることにより、少額ではありますが、その**税務申告等の法人維持コスト**や、**株主総会等の運営コスト**は確実に発生します。

　次に、**税務コスト**があげられます。持株会社と事業会社の一方が黒字、一方が赤字となった場合には、連結納税を採用していないと損益通算ができずにコスト増となります。さらに、【Q7】で指摘した消費税額控除の問題が生じてしまうケースもあります。これらについては、もちろんプランニング段階でそうならないように設計するのですが、検討が不十分だと思わぬコスト負担になりかねないので、注意すべきポイントといえます。また、影響は軽微だと思いますが、社内取引だったものが持株会社と事業会社、あるいは分社した事業会社間といった別法人間の取引になることによる印紙税等の発生もありえます。こちらも【Q7】で述べましたが、税務コストは必ずしも増えるばかりではなく、逆に節税につながるケースもあるので、外部専門家を交えてしっかりと検討することが不可欠です。

　それ以外では、システムの運用変更等に伴うコストが発生することもあります。

Q22 できるだけコストを抑制するためのポイントは？

　これは一言でいうと、**事前に慎重かつ入念に十分な検討を行う**、ということに尽きます。ではその検討の際のポイントは何か、ということですが、大きくは２点あります。

　まず、発生するコストの多くは、一定の前提に基づいて合理的に算定することが可能です。したがって、ここでいう「検討」は、具体的に発生するであろう、あるいは発生するかもしれない金額を、**いくつかのパターンをつくって実際に計算してみる**、ということです。筆者が持株会社化の検討支援をする際には、必ず専用のシミュレーションシートを用いて慎重に試算しています。もちろん試算とセットで、よりコストを抑制できる再編スキーム等の対策についても提案しています。

　スキーム選択については後述する許認可の再取得等の問題もあり、コストだけでは決められませんが、たとえば不動産については、必ず移転しなければならないものではないので、考え方を整理して、**できるだけ動かさないようにすること**も重要です。持株会社化の検討当初は、不動産はすべて持株会社が保有すべきだという考えだったとしても、検討するなかでそれによる費用負担が非常に大きいとわかったら、初期段階での想定にこだわり過ぎず柔軟に方針を変更していくことがコストの抑制につながります。

　そして、しっかりとした検討をするためには、**経験豊富な外部専門家を活用**することです。企業組織再編に関して一定の知識や経験をもつ社内スタッフがいないのであれば、やはりコンサルティング会社など、検討から実務までの全体をコーディネートしてくれる役回りの専門家に依頼することをおすすめします。専門家報酬も小さな金額ではないのですが、思わぬ落とし穴に嵌らないためのコストと割り切ることも必要ですし、コスト抑制のみならず、持株会社化の本来の目的をしっかりと達成するためのパートナーとして

上手に活用することが成功の確率を高めます。

　依頼に際しては、持株会社化の目的はもちろん、これまでの検討内容、自社として譲れない前提事項、逆にどうすべきか迷っている点など、できるだけ丁寧に説明すべきです。そのうえで、複数の会社から提案を受けるようにすれば、それぞれの会社の特徴もわかりますし、適切な費用イメージも得られるものと考えます。

II

組織再編の
プランニング

1 組織再編スキーム

Q23 持株会社化する際に、どのような手法があるか。それぞれの特徴は？

　持株会社化の際の基本的な組織再編スキームとしては、**会社分割**と**株式移転**があります（注）。会社分割は、自社の事業の一部を別会社として分社する手法、株式移転は、自社の100％親会社を持株会社として新たに設立する手法であり、それぞれのイメージと特徴（法的効果）は、図表Ⅱ－1に記載のとおりです。

　会社分割の場合は、事業を新会社に移管して、自社が持株会社となります。会社分割には、分割と同時にその分割した事業を新しい会社として設立する新設分割と、既存の会社に分割した事業を承継させる吸収分割があります。新会社なのか、既存の会社なのかの違いはありますが、いずれの場合

図表Ⅱ－1　持株会社化の再編スキーム

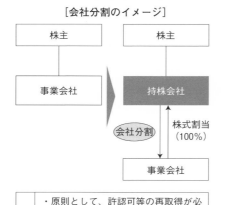

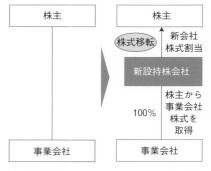

も、現在の事業は、自社ではなく分割先の会社で行うことになります。したがって、事業会社にて許認可の再取得が必要になるということと、事業運営に従事する多くの従業員を新会社に転籍させる必要が生じます。また、複数の事業を傘下に置く場合は、同時並行で複数の会社分割を行うことになります。

　株式移転の場合は、事業会社はそのままに、事業会社の株式だけを保有する新たな会社（＝持株会社）を設立することになります。事業主体となる会社の法人格はそのままなので、許認可は維持され、従業員の異動もありませんが、【Q27】で説明するように、株式移転後に持株会社として保有すべき資産や運営のための人材を持株会社に移管する必要があります。さらに、複数の事業を傘下に置く場合には、株式移転後にさらに会社分割等をして、別会社を設立することになります。

　このほか、方法論としては、既存の会社に事業譲渡という法的手続によって事業を移管する方法もありえますが、グループ内の組織再編の手法としては、採用するメリットがほとんどないため、例外的なケースを除いては検討する必要はないでしょう。現物出資についても同様です。

【注】
　株式交換も用いられることがあるが、それ自体は他社を100％子会社化する手法であり、株式交換の前後において株式移転または会社分割も行う必要があるため、本書では解説の対象外とした。

Q24 再編スキームの選択の際に、判断を分ける重要なポイントは何か

　会社分割と株式移転とでは、持株会社体制に移行するために必要なプロセスが異なるということと、さらに再編完了後にどの会社が事業主体になるかという点が異なります。この観点から、判断の際に考慮すべきは、主に以下の5つです（図表Ⅱ－2）。

　上場会社の場合には、まず**上場維持に必要な手続の有無**を考慮します。株式移転は自社の100%親会社を設立する行為なので、上場する企業体を新設する持株会社に変更する、いわゆるテクニカル上場の手続が必要になります。企業グループとしての上場の実態に変わりはないため、新規上場の手続に比して大幅に簡易ではありますが、それでも一定の実務負担やコストを要することになるため、この観点では、会社分割が優先されることになります。

　次に、法的手続を中心とする**手続面の簡便さ**ですが、この観点では、一般的には会社分割のほうが有利です。なぜなら、株式移転で設立される持株会社は、資産は子会社（現在の自社）株式、負債は見合いの株主資本といういわば株をもつための箱にすぎませんので、グループの司令塔としての機能をもたせるために、もう一段の手続が必要になるためです。この点は【Q23】でも簡単に触れましたが、この後【Q27】で具体的な手法を紹介します。

図表Ⅱ－2　再編スキームの選択にあたり考慮すべき事項

1．上場維持に必要な手続の有無（上場会社の場合）
2．必要な法的手続等の簡便さ
3．事業運営に必要な許認可の有無 ・ある場合には、引継の可否や再取得の容易性
4．転籍する従業員の人数
5．不動産移転コスト

さらに、**事業運営に必要な許認可があるか、そしてそれが問題なく引き継ぎ、もしくは再取得できるか**、です。許認可の再取得自体ができないということはまずないのですが、取得に数カ月間を要したりすれば、その間事業活動ができなくなってしまいますので、再取得の必要がない株式移転が優先されることになります。特に、医薬品メーカーや建設業では、この許認可がスキーム選択のポイントになるケースが多くみられます（注）。建設業については、許認可のほかに、官公庁からの受託に必要な経営事項審査の評点に再編行為が影響を与えるという点も無視できません。

　従業員の転籍者数も考慮されることがあります。転籍する人数が増えると、会社分割に義務づけられている労働者保護手続や社会保険の移転手続など、対応すべき事項が増えることになります。とはいえ、事業上の影響ではないので、このことが決定的な要因になることはなく、考慮要素の一つという位置づけです。

　これらのほか、**不動産の移転コスト**も重要なポイントとなります。他の論点とは違い、これは移転と分割とどちらが有利かは一概にはいえません。なぜなら、持株会社に不動産を保有させようと思えば、現在の自社がそのまま持株会社になる会社分割が望ましく、逆に事業会社に保有させるならば、株式移転が望ましいからです。いずれのケースでも、すべての不動産をいずれかに寄せる必要もないので、どちらが保有したほうが望ましいのかの基本的な方針を決めたうえで、より低コストの手法を選択すべきですが、許認可などコスト以外の要因で有利なほうを選択しにくい場合には、動かす不動産をなるべく減らす方向で再検討する、ということになるものと考えます。

【注】
　建設業許可については、2019年6月公布の建設業法の改正により、許可引継の円滑化が図られる見込み。

実際に採用されている再編スキームの割合はどうなっているのか

　【Q24】のような観点で検討した結果、実際にどのスキームがどれだけ採用されているのでしょうか。2018〜2019年の2年間に持株会社化した上場企業の再編スキームについて、図表Ⅱ－3にまとめました。全体では、おおむね3分の2が会社分割、3分の1が株式移転となっています。

　ただし、よくみていただくとわかるように、この集計には、共同株式移転、つまり経営統合のための持株会社化が含まれています。そこで、図表Ⅱ－3からグループ内の組織再編だけを抜き出してみました（図表Ⅱ－4）。

図表Ⅱ－3　持株会社化のための再編スキーム選択の状況

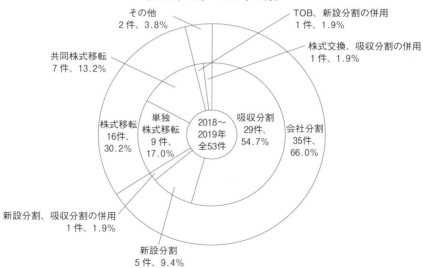

（2018年1月〜2019年12月）

その他
2件、3.8%

TOB、新設分割の併用
1件、1.9%

株式交換、吸収分割の併用
1件、1.9%

共同株式移転
7件、13.2%

株式移転
16件、30.2%

単独
株式移転
9件、17.0%

2018〜
2019年
全53件

吸収分割
29件、54.7%

会社分割
35件、66.0%

新設分割、吸収分割の併用
1件、1.9%

新設分割
5件、9.4%

（注）　効力発生日を2018年1月〜2019年12月に迎えたもの。
（出所）　各社プレスリリースを基にMURC作成

図表Ⅱ-4　持株会社化のための再編スキーム選択の状況
　　　　　（グループ内の組織再編に限る）

（2018年1月～2019年12月）

【Q24】で、テクニカル上場の手続きも不要で、法的手続も相対的に簡便という点で、会社分割スキームのほうが有利と申し上げましたが、**グループ内組織再編では、実際に約8割の企業が会社分割スキームを採用しています**。

また、分割のなかでは、新設分割の割合は少なく、8割以上が吸収分割を採用しています。その理由は、次の【Q26】で述べます。

Q26 持株会社化の際の準備会社は、何のためにつくられるのか

　「○○準備会社」や「○○分割準備会社」といった会社を事前に設立するのは、ほとんどの場合、**許認可の円滑な引継ぎや再取得**のためです。必要な手続は許認可の種類によって異なり、組織再編時に新会社にそのまま引き継げるもの、そのまま引継ぎはできないが事前の相談によって新規取得よりも短期間で再取得できるもの、新規の取得に近い期間を要するもの、などさまざまです。さらに同じ許認可であっても、都道府県によって手続が微妙に異なることもありますので、許認可が多数ある会社では、現場の実務担当者にとってこの対応は厄介なものとなります。

　実務上は、まず自社が保有する許認可をリストアップし、さらにその許可者ごとに（たとえば、同じ建設業免許でも、事業所が存在する都道府県ごとに）リストを細分化します。重要なものについては、許可者ごとに個別に対応を相談していくことになります。

　冒頭に説明した「新会社の設立と同時にそのまま引き継げる」のであれば準備会社は不要ですが、新規の取得に近い手続となるときはもちろん、仮に再編後に短期間で取得できると見込まれるときでも、通常は再編の登記完了後でないと申請できないので、1〜2週間のタイムラグが生じてしまいます。また、許認可のほかにも、銀行口座の開設や官庁等への各種届出などの対応もあり、準備会社があったほうがスムーズに手続を進めることができるのです。

　そのため、多くの場合には、新設分割ではなく、準備会社を設立しておいて吸収分割のスキームにしつつ、分割の当日（効力発生日）に申請や届出をすることが選択されています。

　【Q23】でも述べた新設分割と吸収分割のイメージは、図表Ⅱ−5のとおりです。

図表Ⅱ－5　会社分割の種類（新設分割と吸収分割）

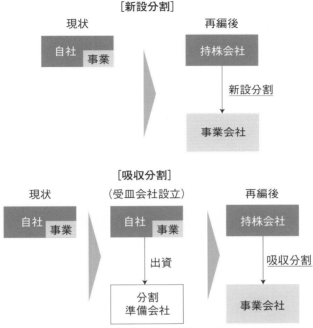

(注)　分割前の自社を「分割会社」、新設する事業会社もしくは分割準備会社を「承継会社」という。

Q27 株式移転の場合、どのようにしてグループ管理機能を持株会社に移管するのか

　株式移転により設立される持株会社（自社の100％親会社）の設立時点のバランスシートは、資産の部は自社の株式、負債は 0 で、資本の部は資産見合いの金額となります。つまり、保有資産は株式だけ、役員を除いては人もいません。この持株会社をグループの司令塔として運営していくためには、必要な資産や負債を保有させ、また管理部門スタッフらを配置して、持株会社としての機能をもたせなければなりません。具体的にはいくつかの方法がありますが、どのような持株会社にしたいのかによって、採用すべき方法は異なります。また、いくつかの方法を組み合わせることも可能なので、持株会社に移す「資産」「負債」「契約関係」「従業員」に分けて、それぞれ説明します。

　まず資産について、たとえば持株会社傘下に事業会社を並列させる体制をつくるために、自社が保有する子会社（持株会社の孫会社）の株式を移転して自社の兄弟会社（持株会社の子会社）にするとしましょう。この場合に簡便な方法として活用されるのが、現物配当です。配当と聞くと現金をイメージしますが、会社法では現金以外の資産も対象にすることができます。株式を子会社（事業会社）から親会社（持株会社）に移動しますが、現金配当と同様に内国法人の100％親子間では課税関係は発生しません（注）。現物配当の対象資産に特に制限はないのですが、実務上は子会社株式がほとんどです。なお、不動産の現物配当も可能ですが、【Q19】で述べた登録免許税に加えて、不動産取得税の負担も生じてしまいます。

　子会社株式以外の資産も一括して移転したい場合には、会社分割が最適です。分割の対象を「自社グループの経営管理にかかわる事業」と定義すれば、それに必要な資産、たとえば本社不動産、投資有価証券、子会社株式、

備品、ソフトウェア等を一括して持株会社に移すことができます。会社分割でも適格要件を満たせば課税関係は発生しませんし、同様に要件を満たせば不動産取得税も非課税となりますので、不動産の移転が必須の場合には非常に有効です。ただし、登録免許税の負担は避けられませんので、繰り返しになりますが、持株会社に多くの不動産を保有させたい場合には、株式移転スキーム自体が適切なのかをよく検討する必要があります。適格要件や非課税要件については、【Q32】で後述します。

次に負債です。たとえば、持株会社に企画スタッフを転籍させ、退職給付債務も引き継ぐ、といったケースが考えられます。このような負債は現物配当の対象にはなりえませんし、売買の対象にすることも一般的ではありません。そこで、会社分割を活用することになります。

契約関係の取扱いも、負債と同様です。現物配当はできませんし、譲渡は法的に不可能ではないとしても一般的ではありませんが、会社分割ならば、「自社グループの経営管理にかかわる事業」に関連する資産、負債、契約関係を一括して移すことができます。

最後に従業員です。従業員との雇用契約は上記の契約関係と同様ですので、会社分割ならば、グループ経営管理にかかわる従業員を包括的に転籍させることができます。必ずしも会社分割によらなくとも、個々の従業員から同意を得て、事業会社との雇用契約を解消して持株会社と新たに雇用契約を締結してもらうこともできます。また、転籍を前提としないのであれば、事業会社に在籍したまま持株会社に出向するというやり方もありえます。

以上を整理しますと、**多くの資産、負債、契約関係を包括的に持株会社に移したい、管理部門の従業員も原則として持株会社に転籍させたい、という場合には、会社分割を採用すべきです**。ただし、会社分割においては、まず株式移転で持株会社を設立し、持株会社と事業会社の間で吸収分割契約を締結して、労働者保護手続や債権者保護手続等を経て実行、となりますので、株式移転から会社分割の効力発生日までは、少なくとも数カ月程度のタイムラグが生じます。また、引当金は事業会社側で取り崩し、持株会社で再計上

することもできますし、借入金等の負債（金銭消費貸借契約）やその他の契約については、現在と同様の契約を親会社で巻き直すこともできるので、実務上、**特に上場会社では、不動産の移転がない場合には、子会社株式を現物配当で移転させるケースが多い**ように思われます。

【注】
　海外の子会社からの現物配当は、現金配当同様に95％が非課税となる。実施する場合には、子会社の所在国の法制や税制を十分確認することが必要。

Q28 外国株主が一定比率を超えると持株会社化は事実上不可能という話を聞いたが、本当か

【Q15】で述べたように、初期段階で必ず確認すべき重要な事項ですが、必ずしも「外国株主が一定比率を超えると持株会社化ができない」わけではありません。正しくは、「外国株主」ではなく、**「米国に居住する株主」の株式保有比率**です。また、「できない」のではなく、一定のスキームの場合に、きわめて困難になる、ということです。

【Q15】で述べたForm-F 4とは、組織再編行為等によって新株を発行する場合に、米国証券取引委員会（SEC）に提出する届出書のことで、日本における有価証券報告書のようなものと理解していただければよいかと思います。制度が日本と異なるため、記載すべき事項等も同じではなく、また当然ながらすべて英文での提出が必要です。資料の準備はもちろんのこと、当局との相談・調整には、米国の弁護士等の専門家の支援が不可欠であり、このためのコストや時間は膨大です。そのため、Form-F 4対応が必要と判断されれば、一部のグローバル企業を除いては、株式の発行を伴うスキームは、不可能ではないものの、現実的な選択肢として採用することはむずかしくなります。

この「株式の発行を伴うスキーム」とは、自社を上場廃止にして新たに設立する親会社の株式を交付するスキーム、すなわち株式移転のことなので、持株会社化自体が不可能になるわけではありません。会社分割スキームであれば、上場している自社においては新たな株式の発行はないので、株主総会の特別決議を得れば、特段の制限なく実行可能です。

2 再編スケジュールと留意点

Q29 組織再編の一般的なスケジュールイメージは？

　進め方は各社の事情によりさまざまではありますが、上場会社であれば、**定時株主総会の半年程度前から実務上の準備を進めて、定時株主総会後の最初の中間決算の翌日または最初の本決算の翌日を効力発生日とするケースが最も多い**のではないかと思います。

図表Ⅱ-6　標準的なスケジュール（3月決算企業のイメージ）

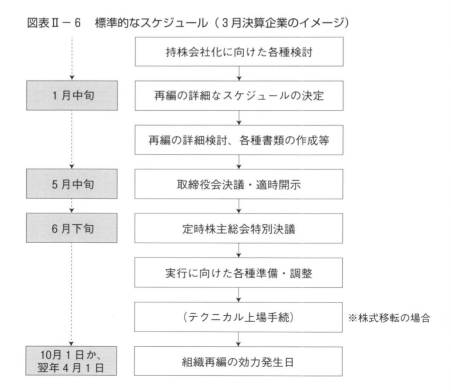

具体的なイメージでいうと、３月決算の会社であれば、前年のうちに方針を決定したうえで、新年のイベントが落ち着いたあたりで詳細なスケジュールを固め、実務面の具体的な準備を開始します。５月の半ばに株式移転計画書または吸収分割契約書（もしくは新設分割計画書）を取締役会で承認し、同時にプレスリリース、６月後半の定時株主総会で承認を受けます。そしてその年の10月１日、もしくは翌年４月１日を効力発生日として再編完了、という流れです（図表Ⅱ－６）。

　あまり急ぎすぎると現場の実務担当者に負担が集中しますので、ある程度余裕をもったスケジューリングが望ましいのですが、長期間になりすぎると間延びしてしまい、余計な手間や検討の手戻りが増えてしまいがちになります。また、公表から実行までの期間が空きすぎてしまうのは、【Ｑ３】で述べた「経営の意思を伝える」という観点からも、できれば避けたいところです。上記のイメージのように、おおむね１年弱～１年半程度の期間で進めていくのがよいでしょう。非上場会社の場合には、半年程度に短縮することも可能です。

Q30 ## 意思決定から最短で何カ月程度で実行可能か

　よくいただく質問の一つです。上場会社の場合、意思決定はすなわち外部への情報開示となりますので、持株会社化のプレスリリースから何カ月で実行可能かを考えてみます。上場会社であればどんなに急いでも**リリースから総会までは最低1カ月半、総会から効力発生日までは2カ月以上は必要**かと思います。もちろんギリギリなんとかできなくはないというスケジュールなので、実務的には相当な困難を伴うでしょう。ちなみに筆者が実務支援に携わったなかでの最短ケースは会社分割スキームで、プレスリリースから1カ月半後に定時株主総会、その3カ月後に効力発生日というものでした。

　会社分割の場合には、株主総会の承認に向けた諸手続に加え、株主保護手続や労働者保護手続、債権者保護手続が必要となります（注1）。なお、簡易分割の場合には、株主総会での承認が不要となるため、スケジュールの短縮が可能ですが、持株会社化における会社分割は、俗に「抜け殻方式」と呼ばれ、単独か複数かにかかわらず、自社の事業のすべてを分社することになるため、簡易分割になることはまれです。事業用資産が少ないために簡易分割の対象となる場合であっても、経営体制の大きな変更となることから、あえて株主総会の承認を得るケースも少なくありません。

　株式移転の場合には、簡易株式移転の制度はありません。労働者保護手続や債権者保護手続は不要ですが（注2）、株式発行を伴うために有価証券届出書の提出やテクニカル上場に係る手続が必須となります。

【注】
1　債権者保護手続は、一定の要件を満たせば省略可能（【Q65】参照）。
2　新設する持株会社が自社の新株予約権付社債を承継するときには、株式移転でも債権者保護手続が必要。

Q31 再編のスケジューリングにおいて基準となるイベントは？

スケジューリングの基準となるのは、間違いなく**定時株主総会**です。定時株主総会の時期をにらみながら、それに向けてさまざまな準備を進めていくことになります。筆者の知る限り、持株会社化の議案が否決された例はないのですが、株式移転も会社分割も株主総会の特別決議を経てはじめて実行可能な組織再編行為であり、その承認を基準として準備を進めていくのは当然ともいえます。臨時株主総会を招集する場合もありますが、手間もコストもかかりますので、まずは定時総会に向けてスケジュールを組み立てるべきです。

もう一つ、効力発生日をいつにするかもスケジューリングにおける重要な点となります。新しい経営体制のスタートですから、決算日の翌日、すなわち新年度の初日に設定することが望ましいでしょう。加えて、特に会社分割のスキームの場合には、会計面、税務面の実務負担を最小化するには、本決算の翌日を効力発生日にするのが最も合理的です。その一方、定時株主総会で決議するとなると通常9カ月後となりますので、できるだけ早く再編を完了してその果実を得たいのであれば、中間決算の翌日も候補日となります。

本決算か中間決算の翌日以外が効力発生日とされるケースはまれですが、法的な制約があるわけではないので、実務面の負担が増えてもかまわないと考えるのであれば、任意の日に設定しても問題ありません。

3　スキーム選択に関するその他の論点

Q32 税制適格組織再編、不動産取得税非課税のための要件は？

　ご質問の点については、組織再編の実務をくわしく解説した多数の書籍がありますので、ここでは簡単にポイントのみを紹介することにします。

　まず税制適格の要件は、合併や株式交換の際にも論点になりますが、【Q23】で述べたとおり、持株会社化の基本的なスキームは会社分割と株式移転ですので、この２つのスキームに絞り、図表Ⅱ－７に整理しました。持株会社化＝100％グループ内の組織再編、という前提に立てば、対価要件と株式継続保有要件を満たせばよいので、あまりよい表現ではありませんが、普通に進めれば問題は生じません。具体的には、組織再編の対価として現金等を交付せずに株式のみ（もしくは無対価（注１））とし、再編後にその株式を第三者に譲渡する見込みがなければ大丈夫です。100％未満の場合であって

図表Ⅱ－７　グループ内再編における株式移転と会社分割の税制適格要件

1．完全支配関係（100％の資本関係）の場合
①　金銭等不交付要件：分割の対価として、現金等を交付せず、株式のみを交付すること
②　株式継続保有要件：再編後も事業会社の株式の100％を継続して保有する見込みであること
2．支配関係（50％超の資本関係）の場合
①　（上記１－①同様）
②　株式継続保有要件：再編後も事業会社の株式の50％超を継続して保有する見込みであること
③　従業者引継要件　：再編後も事業会社（分割対象事業）の従業員のおおむね80％以上が業務に従事すること
④　事業継続要件　　：再編後も事業会社（分割対象事業）の事業が引き続き営まれる見込みであること

も、一般的なグループ内組織再編においては問題なく充足可能な要件かと思います。

　次に、会社分割の場合における不動産取得税の非課税要件は、図表Ⅱ－8のとおりです（注2）。税制適格要件と似てはいますが一部異なる部分もありますので、「税制適格だから不動産取得税も非課税」と思い込まないようにしなければなりません。こちらも100％グループ内の組織再編であれば、要件を満たさないケースはあまりありません。ただし、不動産をまったく移転しない場合には取得税自体発生しませんが、部分的に移転する場合には非課税要件の2を満たすのかについて注意が必要です。

　また、従業員の引継に関する要件（図表Ⅱ－7の2.③、Ⅱ－8の4.）は、分割事業に従事していれば、転籍でなく出向でも要件を満たします。

図表Ⅱ－8　会社分割における不動産取得税の非課税要件

１．分割の対価として、現金等を交付せず、株式のみを交付すること
２．分割事業に関する主要な資産と負債が承継会社に移転していること
３．分割後も事業会社（分割対象事業）の事業が引き続き営まれる見込みであること
４．分割後も事業会社（分割対象事業）の従業員のおおむね80％以上が業務に従事する見込みであること

（注）　上記は分社型分割の場合。

【注】
1　【Q70】参照。
2　株式移転では不動産の移転が生じないため、不動産取得税は発生しない。

Q33 会社分割を採用すれば、従業員の同意なく新会社に転籍させられるのか

　基本的にはそのとおりなのですが、いくつか前提となる事項があるので、そこをしっかりと押さえる必要があります。会社分割は、「分割対象事業に主として従事している労働者」の労働契約について、個別の同意を必要とせずに分割先に移転することができる制度です。まず押さえないといけないのは、**「分割対象事業に主として従事している」**ことが要件になるということです。会社の判断でだれでも自由に転籍させられるわけではありません。

　また、「分割対象事業に主として従事している労働者」を転籍させないこともできません。つまり、会社分割の手続においては、**分割の対象となる事業部門の従業員全員を新会社に転籍させる**ことになります。対象事業部門に所属するＡさんは転籍させるがＢさんは持株会社に残す、対象ではない事業部門のＣさんや、管理部門のＤさんを転籍させるということは、原則できません。「原則」の意味ですが、Ｑにあるように「同意なく」転籍させることはできませんが、ＢさんやＣさん、Ｄさんが同意してくれれば、もちろん転籍は可能となります。

　次に、労働契約を包括的に移転できる前提として、現在の業務内容や労働条件を新会社でも維持しなければなりません。たとえば吸収分割によって転籍した従業員について、承継会社（分割先の会社）の労働条件を適用するといったことはできません。

　最後に、労働契約承継法で定める**「労働者保護手続」**を行わないと、会社分割が無効とされる場合もあるので、確実に実行する必要があります。具体的な手続と流れは、図表Ⅱ－９のとおりです。法定の手続をしっかり行うことはもちろんですが、同じグループ内とはいえ、新しい会社に転籍することについて不安に思う従業員もいますので、持株会社化のねらい、新会社の概要や組織など、できるだけ丁寧に説明すべきです。概要をわかりやすく説明

図表Ⅱ－9　労働者保護手続の全体像

手順	手続	対象	手続の概要	スケジュール
Step 1	労働者の理解と協力を得るよう努める措置	全事業所の労働組合等（注1）	分割の背景・理由、分割後の債務履行の見込み、対象労働者の判断基準、労働協約の承継に関する事項、労働者との間に生じた問題の解決手続等について協議	遅くともStep 2の「事前協議」までに実施
Step 2	労働者との事前協議	分割事業に従事する労働者等（注2）（注3）	個別の労働者に対し、①承継会社の概要、②分割後の債務履行の見込み、③対象労働者の考え方、を説明し、④労働契約承継の有無、⑤承継会社での業務内容・就業場所・就業形態等について、希望を聴取したうえで協議	Step 3の通知期限日までに協議
Step 3	労働者への個別通知	分割事業に主として従事する労働者・労働組合等（注4）（注5）	事前協議と同様の事項や効力発生日等について、所定の書式で個々の労働者に通知	株主総会の日の2週間前の日の前日までに通知
Step 4	労働者の異議申出	右に記載の労働者	「分割事業に主として従事する者で承継対象外の者」および「分割事業に主として従事していないが承継対象の者」に対し、異議申出の機会を提供	（一般的には）株主総会の2週間前の日から前日までの13日間（注6）

（注1）　労働者の過半数で組織する労働組合がない場合は、労働者の過半数を代表する者と協議を行う。
（注2）　個別の労働者が所属する労働組合を代理人として選定した場合には、当該労働組合と誠実に協議する。
（注3）　分割事業に従事していないが、分割計画書・分割契約書に労働契約承継の旨記載のある労働者を含む。
（注4）　分割事業に主として従事していないが、承継対象の労働者を含む。
（注5）　分割会社との間で労働協約を締結している労働組合。
（注6）　簡易分割でない場合。

する文書の配布のほか、担当役員や人事部長らが出席して事業所別や部署別に説明会を行ったり、問合せ窓口を設けたりといった対応が求められます。さらに分割対象事業の従業員等には労働者保護手続に基づく個別面談や必要事項の個別通知を行います。

Ⅲ

持株会社の
機能・組織と
収益基盤等の設計

1 　持株会社の機能と組織

Q34 　持株会社が保有すべき機能は？

　持株会社はグループの司令塔としての役割を果たすことになりますので、そのための機能は絶対に外せません。具体的には、**グループ戦略を練ったり、投資方針の決定やその判断をしたり、業績目標を設定したり、その進捗管理をしたり、といった機能**です。部署名でいえば、経営企画部になるでしょう。経営企画とあわせて、広報やIR、内部監査も、持株会社が担うべき機能です。このほか、法務、研究開発、品質管理等の専門スタッフが必要な機能を持株会社に置くケースも散見されます。

　総務、経理、財務、人事等は、会社組織として一定の機能は不可欠なので、持株会社と事業会社の双方に機能をもたせるケースが多いと思います。そのうえで、各業務におけるグループ全体の統括や企画の機能は、持株会社に集約します。システム部門の位置づけをどうするかもよく議論になりますが、グループ全体の企画や管理の機能は持株会社に、保守・運用は事業会社に、というかたちがすっきりします。

　とはいえ、よほど大きな企業グループでなければ管理部門は限られた人員数で繰り回していることが多く、同じグループ内とはいえ別法人に分散して配置することは、業務の効率性に加え、専門ノウハウの蓄積の面からも、必ずしも望ましい状態ではありません。そのため、実務上の必要性に迫られ、持株会社化前の自社（グループの中核的な事業会社）がグループ全体の管理機能を引き続き保有する、つまり管理部門スタッフがそのまま事業会社に残ってしまうことも少なからずあります。

　このような場合でも、可能な範囲で持株会社に一定の機能を保有させるべきであり、実際には事業会社のスタッフがグループ管理業務を行わざるをえ

ないとしても、持株会社からの受託による業務と、自社のために行っている
業務は明確に区別しなければなりません。加えて、現状はあくまでも暫定的
な体制と位置づけて、将来のあるべき姿に向けた移行プランを考えておくべ
きでしょう。この論点については、【Q36】で説明します。

　他方、グループ管理の機能ではなく、たとえば、持株会社の従業員の給与
計算等、【Q35】で述べるシェアードサービス会社に移管できるような業務
は、むしろ積極的に集約したほうが効率的であり、その集約先が事業会社で
あっても問題はありません。

Q35 持株会社化したら、シェアードサービス会社を設立して間接業務を集約したほうがよいのか

　よくいただく質問ですが、結論からいうと、必ずしもそうとはいえません。グループ全体の統括や企画の機能は持株会社に集約すべきですが、たとえば、伝票処理、給与計算、備品管理等の**バックオフィス業務については、中核事業会社に集約したほうが効率的な場合が多い**ように思います。

　中核事業会社に集約するだけでなく、それをさらに別会社（シェアードサービスセンター、以下「SSC」）に集約して効率化とコストダウンを進められないかが検討課題にあがることはよくあります。検討に値する事項ではありますが、持株会社化という大規模な再編と同時にSSCを設立することは、現場にかなりの負担を強いることになります。したがって、持株会社化と同時に行うことはあまりおすすめできず、時間をかけて検討すべき事項と考えます。

　なお、SSCのメリットを最大化するためには、グループ内で集約した業務処理に特化することで効率化を図り、グループ外からも業務を受託してさら

図表Ⅲ－1　シェアードサービスセンター（SSC）のイメージ

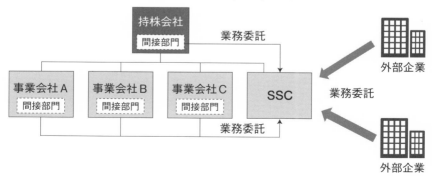

に専門性を高めることがポイントになります。すなわち、間接業務を事業と
して収益化するためのノウハウが必要で、またその前提として一定以上のま
とまった業務量が必要になりますので、そのような観点からの検討が求めら
れます。グループ内の間接業務を棚卸しして、可能なものは中核事業会社等
に集約するか、あるいはグループ外の専門の会社に業務委託できないかを並
行して検討することも必要でしょう。

Q36 持株会社と事業会社の管理部門を完全に別組織にすると現実的に業務が回らない。どのように対応すればよいのか

　グループの統括・管理をする持株会社のスタッフと、事業推進のための管理業務を行うスタッフは、本来ならば別であるべきです。とはいえ、特に中堅規模の企業が持株会社化する際には、完全に別組織にすることは困難です。業種にもよりますが、従業員が数百人規模の企業であれば、経営企画、総務、財務、経理、人事といった各部のスタッフは数名から十数名程度であることが多いでしょう。この規模の人数を2つの組織に別々に配置してしまうと、繁閑の差の調整がむずかしくなって業務効率が落ちますし、スタッフの専門性という観点からも問題が生じます。そこで、再編前の組織体制をある程度踏襲しながら、持株会社と事業会社、それぞれの業務をうまく処理する必要があります。

　まずは、自社の既存の業務内容からグループ統括・管理という観点で持株会社が行うべきものを抜き出して、それぞれの担当業務を明確にして、担当者を決めていきます。持株会社で行う業務が大半ならば持株会社に組織を置き、事業会社のほうに多ければ逆になります。とはいえ、社内決裁の関係上、職制上は両社ともに組織は必要なので、形式上は両社にあり、スタッフはどちらか一方のみに在籍、というかたちになります。そのうえで、実際にスタッフが置かれているほうが、もう一方から業務受託のかたちで対応するようにします。一般的には、事業会社のほうが主となることが多いでしょう。

　たとえば、持株会社の経理部にスタッフが0名、事業会社の経理部は10名とするケースを考えます。この10名は、持株会社化以前と同様に、同じ事務所で業務をしています。業務の棚卸しの結果、10名中4名が、連結決算業務や、持株会社の税務対応、出納等の業務を行うことにした場合、その対価と

して持株会社の経理部より業務委託料を受け取ります。この10名がそれぞれ持株会社の業務も事業会社の業務も分け隔てなく対応するとなると、業務委託料を合理的に計算することが困難となりますし、そもそも会社組織を分けた意味合いが問われますので、業務はできる限り各人別に分けておきます。またそうしておかないと、将来2社にそれぞれスタッフを配置できるような規模に成長しても、いつまでも実現できません。といっても、あまり厳格に分けると非効率になりますので、実際にはある程度の融通を利かせることはかまわないと思います。相当程度のボリュームで双方の業務を行う場合は兼務とし、大まかな業務割合に応じて両社で人件費や付帯コストを按分負担してもよいでしょう。

　この論点に限らず、「本来あるべき姿ではないが……」という選択をする場合には、暫定的に行っているという認識をもって、最終的にどういう姿にしたいのかを明確にイメージし、時間はかかってもその状態に近づけていくことが大切です。

Q37 グループの資金は、持株会社に集約して一元管理すべきか

　この質問は、持株会社化の検討の際にほぼ必ず出てくる論点です。資金集約にはメリット、デメリットがありますが、持株会社の特性をふまえると、**基本的には、集約したほうがよいケースが多い**と考えます。実際に、持株会社グループのみならず、多くの大企業では一元管理が行われています。

　資金集約は、一般的には**キャッシュ・マネジメント・システム**（以下「CMS」）を導入して行います。CMSでは、持株会社にグループの資金をプーリングして、各事業会社の資金需要に応じてシステム上でそれをやりとりします。借入金等のグループの資金調達はすべて持株会社に集約され、各事業会社の資金需要が生じれば事業会社に貸し付け、逆に余剰資金が生じれば持株会社に吸い上げることになります。

　その最大のメリットは、グループ全体の資金調達額の圧縮と有利な利率での調達による調達コストのミニマイズです。加えて、金融機関との折衝等の調達に関する業務も効率化できますし、各社の資金需要を持株会社がリアルタイムで把握できるので、経営管理の高度化にもつながります。また、持株会社の収益確保については、【Q39】でくわしく述べますが、金利収入を収益源にできるという点もメリットの一つです。資金集約のほかにも、グループ間の決済手数料や実務負担の削減等の効果も期待できます。

　一方で、事業会社の独立性の観点からは、資金調達と管理という企業経営における重要な機能をすべて持株会社に帰属させることについて、抵抗感をもつ企業グループも少なくありません。たしかに効率性だけにフォーカスするのであれば、たとえば管理部門のスタッフは全員持株会社において事業会社の業務もすべて一元管理する、という方法もありえますが、そこまでするケースはまれなので、この点は各社の考え方次第でしょう。特に、持株会社化の目的の一つとして、経営人材の育成を重視するのであれば、資金管理の

図表Ⅲ－2　キャッシュ・マネジメント・システム（CMS）のイメージ

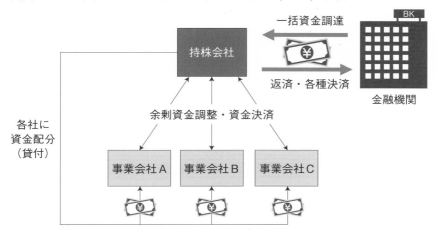

機能を事業会社に残すのも合理的と思われます。また、CMSの導入には一定のコストが必要な点も、考慮しておく必要があります。

　CMSについては、メガバンクをはじめ、多くの金融機関が提案しています。資金のプーリングに加えて、振込代行等の付帯サービスも提供されているので、メリットと導入コストを確認するためにも、まずは一度話を聞いてみるとよいでしょう。

Q38 不動産は、持株会社と分社する事業会社の、どちらにもたせるべきか

　【Q37】に続き、これも頻出の論点です。ごくシンプルに、本社ビルなど持株会社で使用するものは持株会社、営業所や工場など事業会社で使用するものは事業会社、とするのが最も自然です。とはいえ、不動産の移転にはコストが発生しますので、不動産を持株会社と事業会社の双方に保有させるのであれば、一過性とはいえ、一定のコスト発生は不可避となります。

　許認可の問題等により株式移転スキームを採用し、コスト抑制を優先して不動産を動かさない、つまりすべて事業会社に帰属させる、という判断はありえます。持株会社に賃借料が発生し、運営コストが増えることになりますが、【Q39】や【Q42】でも述べるように、経営指導料等で回収することもできますので、大きな問題はないと考えます。

　逆に、会社分割スキームを採用し、同じくコスト抑制を優先して不動産を動かさない、つまりすべて持株会社に帰属させる、という判断も同様にありえます。このケースでは、持株会社は不動産収入を確保できるため、収益の安定化につながります。事業会社が使用している営業所や工場等の土地・建物すべてをそのまま保有することもできますが、建物の躯体はよいとして、たとえばパーティションや電気設備等の造作などもあるので、再編後も同様に持株会社で購入し続けないと同一事務所内に両社の資産が混在して煩雑になりますし、実際に使用していない持株会社がこのような資産の管理まで行うべきかという疑問も生じると思います。再編時のコスト負担との兼ね合いで判断することになりますが、持株会社が保有する不動産は、できれば持株会社と事業会社が共同で使用している本社ビルや、グループ外への賃貸用不動産にとどめることが望ましいと考えます。

　持株会社には土地だけを保有させるということもできますが、この場合には、借地権が発生したり、不動産賃貸料が消費税における非課税売上になっ

たりするなど、新たに検討が必要な論点を抱えることになるので、注意が必要です。

　不動産を多数保有している会社は、再編スキームの検討時点で、シナリオ別の登録免許税額の試算はもちろん、今後の新規取得や減価償却費等を織り込んだ、再編時と将来のBS、PL、キャッシュフローのシミュレーションが求められます。

2 持株会社の収益基盤

Q39 自ら事業を行わない持株会社の収益は、どのように確保すればよいのか

　持株会社の主な収益源には、図表Ⅲ－3のとおり、配当収入、不動産賃貸料、業務委託料、経営指導料、金利があります。以下に、それぞれの特徴や留意点を説明します。

　配当収入は、事業会社の株式を保有することによって事業を支配・統括するという持株会社の特性をふまえると、最も持株会社らしい収益源といえます。

　不動産賃貸料は安定収入としては理想的といえますが、繰り返し説明したとおり、移転にコストが発生するので、採用するスキームや、保有不動産の態様によっては、うまく活用しにくい場合もあります。

　業務委託料は、持株会社が事業会社から一定の業務を受託する場合の、役務提供の対価です。伝票入力や給与計算、システムの保守・運用、あるいは法務等のアドバイス業務など、幅広い業務を対象にすることができますが、当然ながら、持株会社のスタッフが対象となる役務を提供することが前提となります。一般的には、役務の提供に必要な人件費その他のコストを見積もり、それに基づいて個別にそれぞれの役務の単価を決めて、提供した実績に

図表Ⅲ－3　持株会社の主な収益源

配当収入	■傘下事業会社の利益分配
不動産賃貸料	■本社ビル等の賃貸料
業務委託料	■事務代行や専門サービス、システム提供等の対価
経営指導料	■グループ統括等の業務に対する対価
金利	■グループ貸付の対価

応じて集計・請求する作業が必要です。役務と対価の関係がわかりやすく、各事業会社の費用負担が公平になるといったメリットがありますが、提供する役務の範囲が広範になればなるほど、事務負担が増加するところが難点です。また、持株会社側の収益確保を優先すると、役務の単価は世間相場よりも高くなりがちで、役務の内容によっては、事業会社側で委託業務を減らそうというインセンティブが働いてしまうこともあります。

その点、**経営指導料**の徴収は、非常に使い勝手のよい手法といえます。持株会社で発生する販売管理費を、一定の計算ロジックでそっくり各事業会社に負担させるようにすれば、業務委託料に比べて実務負担は大幅に軽減できます。また、発生するコストをカバーできるように料率を設定することもできるため、確実にコストを回収できるというメリットもあります。実際に、経営指導料を配当収入に次ぐ収益源としている企業グループは多数あります。このほか、役務の対価でない費用としては、ブランド使用料等を徴収する企業グループもあります。

最後に、**金利**です。持株会社に資金を集約する場合には、持株会社の調達利率と事業会社への貸付利率の差が金利収入となります。なお、CMSの運営コストを各事業会社から徴収する場合も、広い意味では金利収入に近いものととらえてしまってもよいでしょう。

Q40 持株会社の収益は、配当を中心に考えるべきか

　配当収入は、多くの場合、持株会社の収益のベースとなります。経済産業省による「平成27年　純粋持株会社実態調査」によれば、受取配当金は持株会社の営業収益の70%を占めています。配当収入は、その時々の状況に応じて柔軟に金額を決定できますが、事業会社側のモチベーションを考えると各年度の利益額の一定割合を超えた配当はむずかしく、事業会社の業績に左右される面があります。連結経営・連結業績中心の時代とはいえ、単体決算で赤字を出すわけにはいきませんし、上場会社であればなおのこと、さらに持株会社の株主に対する配当原資の確保も必要です。

　そこで、多くの企業では、この**配当収入を一定程度見込みつつも、他の収益源を組み合わせて、収益の安定化を図る**ことになります。持株会社の収益全体のどの程度を配当でカバーしてもよいのかの判断は、各事業会社の収益安定性に左右されます。

　ところで、事業会社の収益力がきわめて安定的であれば、持株会社の収益をすべて配当で確保するように設計しても、問題はないのでしょうか。連結納税を採用している場合を除き、答えはNoです。税務上、子会社からの配当金は益金不算入となりますので、配当以外に収益がないと、課税所得はゼロとなります。一方で、事業会社側では配当原資となるのは税引後の利益ですから、持株会社化前とくらべると、持株会社で発生する費用見合いの法人税負担が増加することになってしまいます。グループ全体のタックス・プランニングの観点から、慎重に収益源を検討する必要があります。

Q41 各事業会社からの配当性向はどの程度にすればよいか

　正解はありませんが、経験上は、**25～40％程度、別の言い方をすれば、利益の4分の1～3分の1程度と考えている**ケースが多いように思われます。各事業会社をあたかも自社の一事業部のようにとらえ、100％配当を行っているケースもなくはないですが、基本的な水準として50％を超える配当性向を想定しているケースはかなりまれではないかと考えます。

　持株会社、すなわち、上場している親会社の株主に対する配当性向は、当然一つの目安になります。参考まで、東証が公表している決算短信集計によれば、2019年3月期の全産業（金融業を除く）の平均配当性向は31.6％であり、過去5年間でもおおむね30％前後で推移していますので、このようなデータも検討の材料になりそうです。

　持株会社の配当原資を事業会社からの配当ですべてまかなうとして、プラスαでどれだけの配当をさせるのかは、事業活動で得た収益を持株会社と事業会社のどちらにプールするのかの考え方によって決めるべきですが、前述のタックス・プランニングにも影響するので、注意が必要です。

　なお、実際の配当の額は、各事業会社の株主総会決議事項であり、各事業会社の配当性向を必ずしも事前に決めておく必要はありません。ただし、持株会社化の検討段階で持株会社の収益やキャッシュフローの試算をする際のベースとなる数値の一つなので、ルール化まではしないとしても、持株会社の側である程度のガイドラインをもっておくべきです。

Q42 経営指導料の額や賦課基準はどのように決めればよいか

【Q39】でも述べたように、経営指導料は収益源の一つとして非常に有効であり、上手に活用したいものです。名目は、経営指導料のほか、経営管理料、グループ運営収入、グループサポート費用、等々、各社によってさまざまです。

まず金額についてですが、**本来は持株会社における事業会社の管理やサポートに関連する業務の直接経費や人件費を集計して設定すべきであり**、税務リスクをミニマイズするにはできるだけ保守的に対応することが推奨されます。特に海外の子会社から徴収する場合には移転価格税制の問題が生じますし、国内子会社でも100％支配関係でない場合には寄付金と受贈益の問題が生じるおそれがあるため、慎重な検討が必要となります。

とはいえ、持株会社の業務のうち、どこからどこまでが経営指導料の対象になるのかの線引きはむずかしく、あまり限定してしまうと収益源として機能しなくなります。そこで実務上は、持株会社を事業会社に対する広い意味でのサービス提供会社と位置づけ、その運営のために必要なコストをグループ全体で負担するという考え方のもと、**持株会社の販売管理費相当の額をそっくり各事業会社に負担させる**ことも少なくありません。

ではその金額をどのように各社から徴収するかですが、いくつか考え方があります。一つは、上述のとおり本質はサービス提供の対価なのだから、受益者負担とする考え方です。とはいえ、業務委託契約のように、提供する役務の対価は明確になっていませんので、サービス提供の成果に対して賦課するという考えをとります。たとえば売上高や粗利益などの対収入ベース、経常利益や当期利益などの利益ベース、などがあります。「成果」という意味では利益がふさわしいのでしょうが、利益がなければ徴収できないとなると、持株会社の収益の安定性の観点からは心もとなく、また毎年度の増減も

図表Ⅲ−4 〔参考〕経営管理に対する対価の算出方法

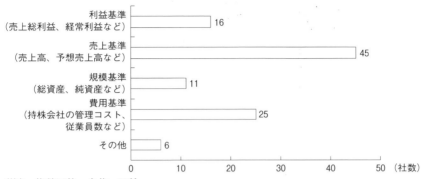

（注） 複数回答、全体＝82社。
（出所） みずほ総合研究所「経営管理に対する対価についてのアンケート調査（2014年11月1日発行）」図表5

　大きくなるため、採用している会社はまれです。論理性はさておいて、安定性やわかりやすさの観点では売上高が優れており、実際に採用している企業も多いように思われます。もう一つの考え方は、サービスを受ける事業会社の規模が大きくなればそれだけサービス提供側のコストも増えるという考え方です。従業員数や総資産などがあり、また売上高は規模の観点でも一つの基準になりえます。

　徴収される事業会社の側の納得感も非常に重要になりますので、実際には、安定的に徴収できる基準を採用しつつも、各事業会社の負担能力、つまり収益力を勘案しながら、落としどころを決めることになります。事業会社の業種や業態に応じて負担率を変えたり、場合によって複数の基準を組み合わせたりしているケースもあります。

Q43 事業会社との間における収益・費用のやりとりの税務リスクを回避するには？

　非常によくいただく質問の一つです。具体的には、不動産賃貸料、業務委託料、経営指導料、貸付利息等が該当します。いろいろと議論をして徴収のルールを決めるなかで、「これって、税務上、大丈夫なんですか」といったかたちで質問されることが多いです。税理士法人ではない弊社が、個別の事案に対して助言することはできませんので、そこはクライアントの顧問税理士に確認するようお願いするのですが、一般論として注意すべき点をあげることは可能です。

　まず大事なのは、**計算根拠を明確**にすることです。税務調査で問題になるのは、その料率が妥当かどうかであり、なぜこの金額なのかという点を明確に説明できれば、第一段階はクリアします。たとえば、不動産の時価の6％として賃料を設定したとして、不動産の時価は固定資産税評価額÷0.7として試算し、周辺の賃料相場を参考にして6％で設定した、という説明で十分だと思います。金額的に重要性が高い場合は、この例であれば、不動産鑑定士に料率の妥当性についてヒアリング等をしておけばさらに安心でしょう。

　そのうえで、**設定した計算根拠を、継続的に適用**することです。その時その時の都合で、料率を5％にしたり10％にしたり、あるいは徴収しなかったりと、頻繁に変更することは、課税所得を調整しようと恣意的な運用をしているのではないかと疑われることになります。もちろん設定した率や額を絶対に変えてはいけないわけではなく、変更が必要な合理的な理由があればその限りではありませんが、一度決めたら少なくとも3年程度は継続適用することが望ましいでしょう。この2点に気をつけて、質問がなされたときに整然と説明できれば、否認されるリスクは低いと考えます。

　なお、基本的な認識として、グループ会社間の費用のやりとりの何が問題

なのかというと、たとえば黒字会社が赤字会社に費用を払うと、前者の黒字と、後者の赤字が減り、両者合算では税負担が減少します。このようなケースでは、税務上費用の妥当性がおおいに問題になりえますが、黒字会社同士であれば、同じやりとりがあったとしても、トータルの税負担は変わりません。だからといって、料率を適当に決めてしまってよいことにはなりませんが、持株会社、傘下の事業会社がいずれも継続的に黒字を計上（より正確には、法人税法上の所得が発生）していれば、あまり神経質になる必要はありません。

　一方で、【Q42】で触れたとおり、海外の事業会社については、移転価格税制の問題が生じますし、国内子会社でも100％支配関係でない場合には寄付金と受贈益の問題が生じるおそれがあるため、対価の相当性に関して慎重な検討が不可欠となります。

Q44 グループ・ファイナンスの利率はどのように決めればよいか

　基本的な考え方は、持株会社が少なくとも逆鞘にならないように決める、すなわち**持株会社の調達利率プラスα**、です。では、そのプラスαはどの程度か、ですが、**一般的には0.5～1.0％程度**としているケースが多いように思われます。ゼロ金利時代とはいえ、調達や資金管理等にかかる持株会社の負担等をふまえると、この程度の利鞘は確保しておく必要があると考えます。

　1.0％を下回る利率で自己調達ができる事業会社もあるでしょうから、その場合には不満が出るかもしれません。プラスαの部分は、各社の財務の健全度合い等に応じて格差をつけてもかまいませんし、むしろそのようにすることが望ましいと考えます。とはいえ、持株会社の調達利率そのままとするのは避け、一定率を乗じておく必要があります。

　グループ・ファイナンスによる金利収入は、かつては持株会社の大きな収益源の一つになりえましたが、歴史的な低金利、ゼロ金利が継続するなかで、収益源の考慮要素としての重要性は低下しています。したがって、利率の設定は、あまり論点にならなくなりました。

IV

持株会社体制における
グループ経営のあり方

1　持株会社とグループガバナンス

Q45　持株会社による事業会社管理のポイントは？

　さまざまな要素がありますが、筆者が最も重要と考えているポイントは、**事業計画の綿密なすり合わせを通じた経営管理**を行うことです。持株会社化の基本的な目的の一つに、事業会社に権限を委譲して迅速な意思決定や機動的な事業運営を後押しするということがあります。したがって、事業会社への大胆な権限移譲は前提事項であり、一方でそれを可能にするためのしっかりとしたルール整備、具体的には**グループ会社権限規程**や、**適切なPDCAの仕組み**が求められます。そのPDCAの仕組みにおける重要なツールが、事業計画です。

　権限規程は、事業会社の判断で決定可能な範囲を示すことはできますが、何をすべきか、どのようにすべきかを示すものではありません。そこで、事業計画です。3年程度の中期計画を基本として、さらにそれを各年度の計画に落とし込んでいきます。持株会社と事業会社の間で、グループ全体のビジョンや経営方針、当該事業の外部環境や経営資源の現状と今後の見通し、基本的な事業戦略、具体的なアクション、計数目標と評価指標等について、しっかりと認識を共有し、また議論を重ねて、双方にとって納得感の高い事業計画を策定すべきです。そして、計画が完成したら、後はこの計画に盛り込まれた範囲内の事項であれば事業会社に一任し、計画外の事項についてはつどあらためて議論をしつつ、設定した計数目標や評価指標の定期的な報告を通じて、持株会社としてのモニタリングをしていきます。

　事業計画は、持株会社と事業会社間の、重要なコミュニケーションツールになります。一定のルールは必要ですが、持株会社と事業会社は別法人でもあり、厳格に管理をしたいのであれば、分社自体それに逆行することになり

図表Ⅳ−1　持株会社・事業会社間で共有すべき事業計画の構成案

1．グループ全体のビジョン、経営方針、等（持株会社にて作成）
2．外部環境や経営資源の現状と今後の見通し
3．基本的な事業戦略
4．具体的なアクション
5．計数目標（売上高、利益率等の財務目標）
6．評価指標（現場に落とし込むKPI）

矛盾を抱えます。持株会社体制のもとでは、細かいルールで縛るのではなく、ビジョンや戦略の共有、そしてそれらの密なコミュニケーションを通じたマネジメント・スタイルの確立が求められます。

Q46 持株会社と事業会社の権限の線引きをどうすべきか

　ガバナンスの強化が叫ばれている昨今、事業会社の重要な意思決定や社内ルール等の改廃に際して、なんらかのルールを定めて持株会社が影響力を行使できるようにしておくことは必須です。とはいえ、実際の線引きの仕方はさまざまで、多くの持株会社決裁事項を設けている企業や、逆に事業会社の自主性を重んじてほとんどの事項を事業会社の判断で実行可能とし、持株会社への報告のみを義務づけている企業もあります。【Q45】で述べたとおり、持株会社化のそもそもの目的をふまえると、あまり細かいルール設定は避けるべきですが、一方で重要な意思決定に持株会社が関与していないというのもグループガバナンスの観点で問題です。各社の経営スタイルによるところであり、また事業のリスクや事業会社の役員構成、スタッフの充実度などによっても変わってきますが、ここでは事業会社に遵守させるグループ会社権限規程に盛り込むべき事項についての、一定のセオリーを述べてみます。

　まず100％親会社としての株主の権利は、ルール上も明確にすべきです。すなわち株主総会の決議事項であり、具体的には、定款変更、利益処分、役員の選解任、役員報酬や退職慰労金の決定、合併や分割等の組織再編行為などです。これらは実行にあたり、持株会社の事前承認が必須の事項です。

　このほか、**事業計画、M&Aや大規模投資、重要な契約の締結・解除、訴訟対応**なども、同様に持株会社の承認や、少なくとも事前相談を必要とする事項と考えます。上場会社を念頭に置くと、適時開示の対象になる重要事実（決定事実）は、事前決裁を求めるべき項目を検討するうえで参考になります。発生事実を含め、持株会社へのタイムリーな報告が必要であることは言うまでもありません。

　それ以外の項目は、各社の事情に応じて検討すればよいと思いますが、い

図表Ⅳ－2　グループ会社権限規程に定めるべき事項の例

①	株主総会決議事項	・定款変更、増減資、利益処分 ・役員の選解任、役員報酬や退職慰労金の決定 ・合併や分割等の組織再編行為
②	事業運営上の重要事項 （適時開示の対象事実等）	・事業計画、事業の撤退 ・M&A、大規模投資（売却も含む） ・重要な契約の締結・解除、訴訟対応
③	その他の事項 （事業特性等に応じ）	・組織体制、重要な社内規程、人事制度、幹部人事、情報システム ・一定額以上の資金調達 ・資金貸付、保証行為

(注)　①は原則必須、②は推奨、③はケースバイケース（ただし、報告を義務づけ）。

ずれも経営上重要な影響がありそうな範疇のなかで、一度決めると簡単には変えられないもの（組織体制、重要な社内規程、人事制度、幹部人事、情報システム、等）、金額によっては経営への影響が大きいもの（一定額以上の資金調達、等）、金額にかかわらずガバナンスの観点から制限をかけたいもの（資金貸付、保証行為、等）があります（図表Ⅳ－2）。これらのうち、決裁事項としなかったものについては、報告を義務づけることになります。報告事項としてはこれらのほかにも、一定額以上の損失の発生、事件・事故、賞罰、等が考えられます。

　いずれもすべての事業会社に一律とする必要はなく、たとえば投資や経費支出の上限などは、各事業会社の規模や財務体力に応じて決めるほうが現実的です。また、重要性に応じて持株会社内での決裁権者やプロセスを変更しておくなど、円滑に運用できる工夫も必要となります。

Q47 持株会社と事業会社の取締役の兼務について、どのように考えるべきか

　持株会社グループの体制や、事業の内容、そして何より各グループの経営者人材の状況によって望ましい状態が大きく左右される事項です。セオリーのようなものはなかなか申し上げにくいのですが、考え方について示してみたいと思います。

　兼務自体はどの企業グループでも行われていることであり、社外取締役等の就任要件に反しない限り、それ自体にはなんら問題ありません。持株会社を起点に考えると、**グループガバナンスの観点では、企業規模やグループ内での位置づけ等に応じ持株会社から各事業会社に数名の非常勤役員を派遣するかたちが自然**だと考えます（注1）。

　ただし、持株会社体制下では、持株会社と事業会社の役割は明確に異なりますので、双方の取締役がほぼ全員兼務しているような状態は望ましいとはいえません。持株会社傘下に中核事業会社が1社存在するグループ体制では、このような役員構成になるケースがままありますが、円滑な移行のための一時的な体制と位置づけて、中期的に解消していくことが望まれます。またグループ経営を機能させるためには、兼務取締役について、持株会社と事業会社どちらの役割に軸足を置くべきか、グループにおける責任分野は何かを明確にしておく必要があります。別の観点では、兼務者が増えると利益相反取引が発生しやすくなることにも留意すべきです（注2）。

　事業会社を起点に考えると、事業会社のトップは持株会社の取締役を兼務すべき、という考え方もありえますが、持株会社経営の本質からはやや逆行するように思います。多くの日本の企業では、たとえば、取締役は社内の各事業の責任者で、稼ぎ頭の事業部の出身者が社長を務めるといったことが散見されますが、このような体制は経営と執行の分離ができていない典型例ともいわれます。持株会社体制下では、持株会社がグループ経営、事業会社が

事業推進という役割分担であり、これを社内に置き換えると、持株会社が取締役会で、事業会社の社長は執行役員という位置づけになろうかと思います。したがって、事業会社起点で考える場合であっても、持株会社としての取締役を置きつつ、事業会社のなかで次世代のグループのトップを期待する人材等を中心に、人数を絞って持株会社の役員を兼務してもらうのが望ましいと考えます。

【注】
1　前出の経済産業省「平成27年　純粋持株会社実態調査」によれば、回答企業の事業会社の取締役のうち持株会社との兼務者は25.0％、同監査役のうちの兼務者は41.5％（ただし、持株会社の正社員・正職員との兼務を含む）となっている。
2　100％資本関係がある場合には、親子間での利害の対立がないため、原則として利益相反には当たらないとされている。

Q48 いわゆる「遠心力」が働きすぎること を防ぐにはどうすればよいか

　持株会社化して事業会社に自立した経営を求めると、どうしても「遠心力」が働きます。遠心力には、事業会社の士気の向上や危機意識の醸成などのプラスの側面もありますが、行き過ぎれば各事業会社が部分最適に陥り、グループ全体の価値を毀損してしまいます。

　遠心力を適切な状態に保ち、プラスに働かせるために必要なことは、まず**は持株会社が明確なビジョンや方針を発信する**ことであり、またその**実現に向けた具体的な戦略等をグループ内で共有する**ことです。そして最も重要なのが**持株会社と事業会社間の密なコミュニケーション**です。

　【Q45】で述べたとおり、事業計画を通じた事業会社とのコミュニケーションは、非常に有効な手法です。この過程でグループ方針に対する事業会社の理解が進みますし、それに沿って策定した事業ごとの戦略や施策はもちろん、目標や評価指標についても双方でしっかりすり合わせをします。さらにそれを定期的にモニタリングする過程でも、コミュニケーションの機会が発生し、相互の理解や戦略の共有が進むことにつながります。

　このほか、後述するグループ社長会等の情報共有の場を設けたり、グループ各社間の人事交流を促進したりすることも効果的です。会社を越えた懇親会等のイベントに加え、最近では、SGホールディングスのように、グループ全体でのスポーツイベントを行う例も出てきており、また、わらべや日洋ホールディングスのようにグループ横断でドラマ仕立ての音楽ビデオをつくるなどのユニークな取組みもあります。

Q49 グループ社長会等は必要か

　必須とまではいいませんが、**多くの企業グループが、グループ横断で各社の社長、もしくは役付役員クラスが定期的に集まる場を設けています。**

　持株会社の非常勤取締役に事業会社のトップがほとんど入っていない場合には、実質的な討議の場と位置づけてもかまいませんが、一般的には、グループ全体の経営環境や各社の現状の報告等について意見交換することを通じて、情報共有やコミュニケーションの促進の場として活用されることが多いように思います。必ずしもご質問の「社長会」ではないのですが、社長限定の集まりに限らず、役付役員や、あるいは幹部社員を含めたり、社長会とは別途、管理部門の責任者がグループ横断で集まったり、というケースもあります。【Q48】で述べた「遠心力」のコントロールの観点で、グループの実情に応じて、柔軟に開催すればよいでしょう。

　一例として、相鉄ホールディングスのWebサイトには、同社グループでは、相鉄グループ全体の戦略・政策・方針や各社業務執行状況等に関する意見交換を行うため、相鉄グループ社長会のほか、グループの執行役員で構成する相鉄グループ執行役員会議を設置していることが紹介されています。

2 事業計画と業績管理・資金管理

> ## Q50 持株会社化した場合に、持株会社、事業会社それぞれにふさわしい業績評価指標はあるのか

　持株会社はグループ全体の業績管理が最重要課題ですので、持株会社単体では特に評価指標を意識する必要はありません。ただし、言わずもがなですが、少なくとも赤字にはならないように収支の設計をしなければなりません。

　一方で、事業会社の側でぜひ取り入れてほしいのが、**バランスシートに関する指標**です。【Q4】の「カンパニー制」でも述べたとおり、事業部制と比較した持株会社体制のポイントは、各事業が独立企業としてバランスシートをもつというところです。メインバンク制に象徴される間接金融の利便性が高い日本では、資金は必要に応じていつでも調達できるものであり、バランスシートに対する意識が総じて低くなりがちでしたが、昨今では経営者の意識も大きく変わりつつあります。事業会社には、ROAやROIC（Return On Invested Capital、投下資本利益率）といった評価指標を設定すべきです。可能であれば、事業会社ごとの事業リスクを考慮したEVA（注）のような指標も併用することが望ましいです。

　グループの連結業績管理という意味では、持株会社化しても連結範囲に変更は生じないので、基本的にはこれまで同様でよいと思いますが、事業会社にバランスシートを意識させる意味でも、連結業績でもその視点を強く打ち出すことが望まれます。持株会社化の目的の一つとして、「グループ経営資源の最適配分」があります。資本効率の向上はその重要な一項目ですから、ROAの向上や有利子負債の圧縮は、持株会社体制にフィットした財務目標といえます。

　Economic Value Addedの略で、邦訳は「経済的付加価値」。米国のスターン・スチュワート社が経営指標として開発し、商標登録を行っている。株主等の資金提供者の期待利回り（資本コスト）に対してどれだけリターンを得たかを評価する指標。リターンが資本コストを上回ってはじめて企業は価値を生み出しているとする。計算式は「税引後営業利益－資本コスト」。

Q51 対社内事業部門と、対事業会社とで、あるべき業績管理の手法には、どのような違いがあるのか

　持株会社化しても、各事業の業績管理の方法は、基本的には変わりはありません。グループ方針のもとで各事業会社が計画と予算をつくり、持株会社のほうはいくつかの評価指標を設定して、適宜業績をウォッチしていくことになると思います。

　ただし、持株会社化の目的をふまえると、独立した事業会社に対しては、適時適切な管理をしつつも、たとえば**投資や経費支出等において大きな裁量を認めるべき**でしょう。同時に、**評価のスパンを少し長めに設定する**ことも必要かと思います。これまで半年や1年単位で事業部業績を評価していたとしたら、1年単位とあわせて3年単位の評価も重視する、といった具合です。そのためにも、【Q45】で述べた、中期的な事業計画をベースにした業績管理が重要になってきます。

　また、【Q50】で述べたバランスシート管理も新たに行っていくことが求められます。バランスシート指標は、たとえば月次ベースでの増減に一喜一憂してもあまり意味がなく、中期的な視点でその改善度合いを評価していく必要があります。関連して、事業部制のもとでは不可能だった資金管理の巧拙も評価の対象となりえますが、CMSを導入した場合は、一定の利益を確保しながらどれだけ投下資本を圧縮したかが問われることになります。

　事業別の観点では、各グループの現状や展開する事業の特性に応じた柔軟な評価指標の導入が容易になることが期待されます。たとえば、グループの主力である成熟事業の会社に対しては、ROA等の資本利益率の向上を強く求め、他方まだ規模は小さいが成長が期待できる事業の会社には、売上高成長率、新製品売上高比率や新規顧客売上高比率などを重点指標とするなどです。

Q52 持株会社傘下の事業会社の自己資本（内部留保）をどう考えるべきか

　なかなかむずかしい問題で、おそらく正解はないでしょう。連結経営の時代であり、持株会社を中心にグループ全体最適を徹底的に追求するという方針であれば、事業会社に内部留保は必要なく、すべて持株会社に集約してしまったほうが効率的です。この場合には、グループの資金をCMS等で集約することとセットで考えることになります。

　ただし、同じグループとはいえ法人格は違うので、事業会社の利益を100％配当させてしまえば、事業会社のモチベーションには少なからず影響するでしょう。理屈のうえでは同じグループだからと説明できても、心情的にはなかなか割り切れるものではないでしょうし、また内部留保とは直接的な関係はないにせよ、事業を分社して独立性や自立性を高めるという目的とは逆行してしまいます。

　現実的には、**一定の配当性向の目安を決めて、事業会社の収益のうちの一定額は持株会社に集約するが、残りは事業会社の努力の成果としてストックさせる**、というやり方が落としどころかと思います。その配当性向ですが、【Q41】で説明したとおり、一般的には25〜40％程度が多いように思われます。

　なお、何かしらの目安は設定すべきですが、必ずしもそれを硬直的に運用する必要はなく、その時々や各社の状況に応じて、柔軟に考えるというスタンスでもよいでしょう。たとえば、持株会社の配当原資の確保等の観点から、グループ全体としての配当性向の目安を設けたうえで、成長事業についてはその会社での再投資を重視し、成熟事業についてはグループ全体最適の見地から再配分の原資とする、といった運用も考えられます。

3 グループ・マネジメントに関するその他の論点

Q53 事業会社の役員会の決定事項について、持株会社の承認を義務づけることは、会社法上問題はないのか

　事業会社は持株会社の子会社とはいえ別法人なので、このような質問を受けることはままあります。むずかしい法解釈はさておき、実務家としての意見を述べますと、まず**持株会社の承認を求めること自体については、問題にはならない**と考えます。事業会社の経営陣がある意思決定をしようとするときに、だれの意見も聞かずに決めようが、親会社の意見や、あるいは外部のコンサルタントの意見を聞いて決めようが、その判断は経営陣に委ねられているはずです。持株会社の賛成を得て実行しても、逆に反対されて断念しても、それ自体にはなんら問題はありません。

　ただ、このご質問は、「義務づけてもいいのか」ということと同時に、暗に「実際に義務づけできるのか」ということに対する疑問でもあります。生々しい表現を使うならば、「（持株会社の意向に反して強行するなど）義務違反をしたら、社内ルールと同様に懲戒処分等の対象にできるのか」ということですが、これについてはむずかしいと思います。もちろんその意思決定の内容が事業会社に損害をもたらすものであれば責任の追及は可能ですが、事前承認がないことは懲戒事由にはならないと考えます。任期満了時に再任しない、退職慰労金を支給しない、ということはできますから、直接的に行為を制限できなくてもルールは有効と考えますが、社内ルールと同じにはならないということは認識しておいたほうがよいでしょう。

　社内とは異なるという観点から、事前承認に関して留意すべきことにもう一つ触れておくと、第三者との守秘義務契約を結んだときは、親会社といえども別法人ですから、除外規定がなければ機密事項を開示することはできま

せん。たとえば、M&Aの最終契約の締結にあたり、親会社の承認を得るために機密の資料を開示したりすると、相手方に対する守秘義務違反になってしまいますので、注意が必要です。

　また、持株会社グループでは100％子会社が大半ですが、少数株主が存在する子会社については、親子間での利益相反に注意する必要があります。持株会社の利益に反するとの理由で、事業会社にとって有益な意思決定が妨げられるような場合には、事業会社の取締役が少数株主に訴追されるリスクもあります。持株会社による一方的な決定ではなく、双方で協議して決定するプロセスにするなど、ルール自体の設計やその運用に留意すべきです。特に事業会社が上場子会社の場合には注意が必要であり、事前承認ではなく報告・相談事項としておくことが望ましいと考えます。

Q54 持株会社化したら、連結納税制度を適用したほうがよいのか

　非常によくいただく質問です。持株会社化等の多様な企業形態に対応するというねらいもあって導入された制度なのですが、結論からいうと、必ずしも適用すべきとはいえません。まさにケースバイケースであり、**慎重に見極める必要**があります。連結納税のくわしい解説は専門書に譲りますが、メリット、デメリットを簡単に整理すると、図表Ⅳ－３のとおりとなります。

　連結納税制度は2002年に導入されましたが、事務負担の大きさや繰越欠損金の利用制限等の使い勝手の悪さから、評判はあまり芳しくありませんでした。その後の法改正による利便性向上等もあって採用する企業グループは年々増加していますが、2019年６月時点で1,850社（注１）にとどまっています。一方で、純粋持株会社を対象とする調査（注２）では、約３割が導入ずみであり、資本金の規模に比例してその割合も高まっていますので、一定以上の規模の持株会社化グループにとっては、検討必須の論点といえます。

　必ずしも採用されない最大の要因は何といっても事務負担の大きさですが、このほかにもいくつかのデメリットがあり、一度適用すると容易に元に戻せないという制約もあるので、これらを補って余りあるメリットがないと、なかなか適用には踏み切りにくいのだと思われます。

　メリットの最たるものは**損益通算**です。グループ内に黒字法人と赤字法人がある場合に損益通算ができるので、継続的に赤字を出している法人が一定数存在する企業グループにとってはメリットが大きいといえます。また、【Q40】で説明した、持株会社の収益の設計とあわせたタックス・プランニングも不要となりますので、自社のグループ運営方針に照らして収益設計をするとどうしても税務コストが増大してしまう、といった場合には、採用しうると考えます。

　なお、2022年度より、連結納税制度にかわる「**グループ通算制度**」が導入

図表IV-3　連結納税の主なメリットとデメリット・留意点

	概要	内容
メリット	**連結グループ内で損益通算が可能**	・100%資本関係がある内国法人グループにおいて、黒字会社と赤字会社の単年度損益を相殺できる
	税額控除拡大の可能性あり	・試験研究費や外国税額控除における控除限度額の計算が連結ベースになることにより、税額控除額が拡大する場合がある
	所得調整で有利になる可能性あり	・受取配当、寄付金の損金不算入額の計算が連結ベースとなることにより、有利になるケースがある
デメリット留意点	**原則継続適用**	・連結納税の取りやめは、「やむをえない事情があるとき（たとえば、連結納税の適用を継続することにより事務負担が著しく過重になると認められる場合等）」に限られる。認められるケースはきわめて少ない
	M&Aの障害となる可能性あり	・連結納税制度選択企業が被買収企業の株式を100%購入した場合、対象会社は無条件に連結納税の対象となる。その際、①対象会社が保有する繰越欠損金は切り捨てられるうえ、②対象会社は時価評価の対象になり、含み益のある資産等に対し課税される
	制度を理解した人員の確保	・法人税の知識だけでなく、連結納税制度の知識が必要となる。社内に連結納税制度に精通した人員の確保が必要になる
	事務処理負担の増大	・複数の会社が1つの税務申告書を作成するため、事務作業が煩雑となり、混乱が予想される ・事業税・住民税などの地方税は、従来と同様に個別の法人で申告納税する必要がある

される方向で検討が進められており、上述の事務負担等が軽減されることが期待されますので、この制度変更を見据えた検討も必要です。

【注】
1　国税庁「平成30事務年度　法人税等の申告（課税）事績の概要」
2　経済産業省「平成27年　純粋持株会社実態調査」（前出）

Q55 持株会社のスタッフは、転籍と出向の
どちらにすべきか

　こちらもむずかしい問題で正解はないと思いますが、**持株会社と事業会社
は役割や機能が違うので、従業員の本籍も別々にするのがあるべき姿**だとは
思います。事業会社に本籍があるとそちらに意識が向きがちになるし、持株
会社のスタッフは、経営戦略の立案、業績管理、事業投資やM&A等のプロ
であるべきで、その本来の役割に注力しやすい体制にすべき、という考え方
です。

　他方、持株会社のスタッフが事業の現場を知らず戦略が宙に浮いてしまう
というのもありがちな問題であり、スタッフのポジションの固定化や、持株
会社と事業会社の間に上下関係の意識を生みやすいなど、その弊害も少なく
ありません。

図表Ⅳ-4　持株会社スタッフの本籍の違いによるメリットの比較

転籍型	出向型
・持株会社：グループ経営、事業会社：事業運営、という本来の役割を推進しやすい ・持株会社スタッフの意識が高まり、事業会社に対するリーダーシップが発揮しやすい ・独自の人事制度を構築でき、プロフェッショナル人材を含む持株会社プロパー社員の採用が容易に	・事業内容等をよく理解しているスタッフがグループ統括を行うことで、持株会社の現場からの遊離を防ぎやすくなる ・定期的に持株会社に出向させることにより、事業会社スタッフの人材育成に寄与 ・人材のローテーションが行いやすく、管理部門スタッフのキャリアパスを検討しやすい ・上下の意識になりがちな持株会社と事業会社の間をフラットな関係に保ちやすく、立場の違いによる軋轢も生じにくい

それぞれに想定される主なメリットを図表Ⅳ－4に整理してみました。転籍型はハイリスク・ハイリターン、出向型はローリスク・ローリターンのイメージです。一長一短で悩ましいのですが、本来の目的をふまえると、再編後の数年間はともかく、将来にわたり全員が出向者という体制はやはり違和感があります。必ずしもフィットしないケースもあるかもしれませんが、原則は転籍としながら、一定数のスタッフを相互に出向させるという方法が一つの解ではないかと考えます。「事業会社⇒持株会社」だけではなく、「持株会社⇒事業会社」を併用するのがポイントであり、これによって、図表Ⅳ－4の双方のメリットを実現しうると考えます。

Q56 持株会社化後に人事・労務面で論点に なりがちなことは何か

　持株会社化にあたり、人にまつわる事項は多くの論点を含みます。正解の
ある話ではなく、会社のポリシー次第の面が大きいので、ここでは是非につ
いてはいったん置いて、検討過程で方針を決めておいたほうがよい事項を列
挙したいと思います。

　まず**採用**ですが、持株会社や中核事業会社に採用を集中すべきか、各社で
それぞれ行うべきかは論点になります。候補者への訴求のしやすさ、活動の
効率性の観点から、新卒採用に関しては、前者が有効といえます。

　各事業会社の**労働条件**を事業内容に応じて変えるべきか、逆にグループ内
での人材交流がしやすいようにそろえるべきか、ということも論点になりま
す。前者は持株会社化の大きな目的の一つとなりうる事項であり、業種業態
が異なる事業を分社する場合は、当然検討すべき事項です。ただし、会社分
割で分社する際には、現状の労働条件そのままに転籍することが条件となり
ますので、持株会社化後に従業員の理解を得ながら時間をかけて変更してい
くことになります。そのうえで、後者のニーズを満たすとすれば、人事制度
の骨格（諸規程、休暇制度等）や諸手当等はグループで横串を通し、評価基
準や給与の業績連動の程度等を各社事情で変えていく、というやり方が考え
られます。同じ事業会社でも、既存の子会社と分社により新たに設立した会
社とでは当然扱いも異なると思うので、そのあたりの考え方の整理も必要で
す。

　会社分割等による、あるいはその後のグループ会社間の転籍の際に、**退職
金**を支給すべきか通算すべきか、という論点もあります。要件を満たせばい
ずれも税務上の退職所得として認められますので、ここはまさに考え方次第
です。特に再編によるグループ間の異動には退職の意味合いはありませんの
で、個人的には後者がベターと考えますが、前者を採用する企業も少なくあ

りません。なお、後者の場合、対従業員とは別に、会社間での退職給付債務をどのようにやりとりするかの取決めも必要になります。

　人材育成をグループ内のどこが担うかも論点になります。企画機能や基礎教育などの機能は持株会社か中核事業会社に集約したほうが効率的です。なお、役員クラスをはじめとする幹部人材に関しては、その配置の検討も含めて持株会社にあることが望ましいです。従業員のスキルやノウハウ等の獲得・定着に関する教育・研修等については、事業内容に応じて各事業会社で実施すべきです。

V

組織再編の実行実務

1 スケジューリングの実務

Q57 組織再編実務の基本的な流れは？

　持株会社化に向けた全体的な流れは【Q14】の図表Ⅰ－10のとおりであり、組織再編の実務はその中のStep 3、すなわち、基本方針が決定して、グループ運営の仕組みのイメージが粗々できあがったあたりからスタートすることが一般的です。株主総会や効力発生日の日程等のラフ・スケジュールはStep 1で決めていますので、このStep 3でまずやらなければならないことは、何月何日にだれが何をどうする、といった具体的なスケジュールをできるだけ詳細に固めることです。

　組織再編実務の流れとしては、事前にスキームをはじめとする基本方針が固まっていることを前提として、まず上記の詳細スケジュールを作成します。このスケジュールに沿って、会社としての意思決定、すなわち持株会社化に関する取締役会決議を行い、同時に適時開示、その後、株主総会特別決議、効力発生日、という流れとなります。取締役会決議から効力発生日までの間には、（スキーム等によって不要なものもありますが）事前開示書類の備置、債権者保護手続、労働者保護手続、株主保護手続といった法的手続を並行して実施します。このあたりの詳細については、専門書が多数ありますので、そちらに譲ることにします。

　なお、株式移転の場合には、これらのほかに、テクニカル上場に関する手続が必要となります。

Q58 スケジューリングの際に最も気をつけるべき点は？

　留意すべき事項はいろいろとありますが、基本的なことを申し上げれば、余裕をもったスケジュールを組み、経験豊富な外部専門家の助力も得ながら、**必要なイベントをもれなく洗い出してスケジュール表に確実に落とし込んでいくこと**です。逆にいえば、この洗い出しと落とし込みさえしっかりとできていれば、後はスケジュール表を適時フォローしていけばよく、大きな問題が生じることは避けられます。

　組織再編の実務における実施事項は、大きく3つに分けられます。まず株主総会決議や登記等の会社法に定める法的手続、それに準ずる手続として適時開示や臨時報告書の提出、テクニカル上場手続等の資本市場対応、これらのほかに、許認可対応、取引先への連絡、グループ組織変更に伴う総務対応、効力発生日後の役所への届出等の事業運営のための事項、があります。

　法的手続については、たとえば「株主総会の〇日前までに実施」のように、会社法で期日が決まっていますので、株主総会や効力発生日といった主要イベントから逆算していきます。これらは解説書等を参考に自社で作成することもできますが、弁護士や司法書士等の専門家のチェックは必須となります。

　必要な日数が法律で明確に決まっていない事項、たとえば、許認可再取得の手続等は、事前に監督官庁に相談のうえ、余裕をもったスケジュールを設定しなければなりません。

　株式移転の場合には、有価証券届出書（注）に関する地域の財務局や、テクニカル上場に関する証券取引所への事前相談等も必要になります。これらもスケジュール確定前になるべく早めに相談しておくことをおすすめします。

【注】
　会社分割においても、分割純資産が1億円以上で有対価の場合には必要となる。

Q59 プレスリリースのタイミングはいつ頃がよいか

　持株会社化のプレスリリースは、大きく2つのパターンに分かれます。一つは、持株会社化を決定したことをリリースするもの、もう一つは、決定のリリースに先立ち、持株会社化に向けた検討を開始した時点でその公表を行うもので、2段階リリースなどと表現されます。

　持株会社化のための会社分割や株式移転は、適時開示の対象となりますので、取締役会で決議したら直ちに開示しなければなりません。開示の対象は持株会社化そのものではなく、株式移転であれば株式移転計画書、会社分割であれば分割計画書（新設分割）か分割契約書（吸収分割）が、取締役会で承認された事実となります。ご質問のタイミングですが、この取締役会決議は株主総会に付議する議案の決定と同時になされることが多く、上場会社であれば株主総会のおおよそ1カ月半ほど前となります。もちろん取締役会決議自体はいつ行ってもかまわないので、準備が整っていれば、もう少し早めにリリースしてもかまいません。

　これに対して、検討開始のリリースは適時開示の対象ではありませんが、2段階リリースを採用する企業のほうが多数派です。なぜなら、このリリースをすることにより、ごく一部の関係者以外の従業員や取引先等もその事実を知ることとなり、持株会社化に向けたさまざまな検討が進めやすくなるためです。もちろん持株会社化を思い立ってすぐにではなく、一定の検討を経ていよいよ詳細に検討を進めようという段階になってリリースすることになります。もう少し有体にいえば、「検討開始」とはいうものの、持株会社化しようという意思を相当程度固めたところでリリースするわけです。【Q14】や【Q15】で述べたStep 1の完了時がそのタイミングとなります。具体的な時期は、株主総会の半年〜1年程度前に行うことが多いように思います。

以上をふまえると、「いつ頃がよいか」については、情報管理の容易さ、詳細検討の進めやすさという観点で、**承認を予定する株主総会の半年から1年程度前にリリース**（任意開示）してしまうのがよい、ということになります。

　一方で、【Q18】で紹介したように、リリースをした後で持株会社化を断念した例も散見されます。その時々の自社の状況や外部環境の変化に応じた判断であり、やむをえないこととは思いますが、できれば避けたい事態ですので、しっかりとした初期検討がすんでいることがリリースの前提になります。

Q60 プレスリリースの際には、どんなことに気をつければよいか

　まず【Q59】で説明した2つのパターンのうち、どちらをとるかを決めることです。繰り返しになりますが、一般的には2段階リリースのほうがベターと考えます。

　リリースの内容に関しては、**持株会社化の目的やねらいがしっかりと伝わるようによく検討**すべきです。投資家ももちろん意識すべきですが、従業員に対しても自社グループが目指す姿やその実現に向けて新しい組織体制がもつ意味合いなど、トップのメッセージを伝える重要な機会ととらえるべきでしょう。

　また従業員は、企業組織再編についての予備知識がないことが多いので、業務内容や処遇等について不安を感じる人もいると認識し、それを払拭すべく、リリース後に別途丁寧に説明することが必要です。最近では、持株会社体制は一般的なグループ組織体制になっており、それ自体に大きな驚きはないかとは思いますが、リリースに先立って簡単なQ&Aを用意するなどして、的確な説明ができるように準備をしておく必要があります。

　適時開示においては、**ルールに沿った開示内容**となるように、**弁護士とよく相談**することも重要です。加えて、**証券取引所への事前相談**も求められます。会社分割スキームでは、多くの場合、適時開示の時点からすぐに労働者保護手続における従業員への説明等のプロセスに入ることになりますので、特に2段階リリースではなく多くの従業員がその時点で初めて事実を知る場合には、十分な準備を整えたうえで開示の日を迎えることが必須となります。

Q61 スケジュールに沿って再編を円滑かつ確実に進めるには、どうすればよいか

　まずは**実施すべき事項をできるだけ精緻に洗い出して、適切にスケジューリング**することが不可欠です。この段階で、主要なタスクの責任者や実務担当者も決めてしまいます。後はスケジュールに沿ってフォローしていけばよいのですが、フォローの仕方としては、会社横断の定期的な進捗会議とテーマ別の分科会を設けることが一般的です。

　持株会社化にあたっては、管理部門の担当役員かそれに準ずる立場の役員を責任者とするプロジェクトチームを立ち上げることが多いのですが、その責任者を議長として、**部門横断の進捗会議**を設けます。たとえば月に1回の定例会とし、メンバーが集まりやすいように効力発生日までの日程も早いうちに決めてしまいます。会議の頻度は、具体的な検討開始から効力発生日までの期間が短い場合には2週間に1回程度必要だったり、逆に期間が長い場合には、特に株主総会終了後は2カ月に1回程度で十分だったりしますので、設定したスケジュールとその間に対処するタスクに応じて決める必要があります。

　会議では、スケジュールに沿って実施事項の進捗を確認し、問題があれば対策も議論して、経営トップに報告します。この会議は進捗の確認と情報共有のためのものですので、このほかに個々の課題解決策の検討や施策の立案、実務の推進等のためのテーマ別分科会も設定します。そのあり方は各社各様ですが、経営企画、総務、経理、人事、システムは、多くの会社で設けられているように思います。分科会のリーダーは進捗会議に出席し、全体の進捗についての情報共有を受けるとともに、それぞれの分科会でのタスクの検討・実行状況を報告します。多くの場合、筆者のようなコンサルタントは進捗会議に同席して全体の進捗を確認しつつ、必要に応じて各分科会での検討や実務作業のアドバイスを行うことになります。

2 組織再編の法務・会計等

Q62 法的手続を極力簡素化したいが、よい 方法はあるか

　法的手続の簡素化に最も有効な方法は、**持株会社化を株主総会決議が不要な簡易組織再編で行うこと**です。特に上場会社においては、総会決議を省略できれば実務負担を大きく軽減できます。

　簡易組織再編は、当該再編がその会社に与える影響が限定的であるときに、株主総会の決議を不要にして取締役会に決定権を与える制度で、会社分割における分割会社の簡易手続については、**分割会社（自社）から新会社に移管する資産の帳簿価額が総資産の5分の1以下の場合**に該当します。ただし、【Q30】でも触れましたが、持株会社化は経営体制を大きく変更するものであるため、簡易分割に該当する場合でも、あえて株主総会に付議し、株主の承認を得たうえで実施するケースもあります。したがって、簡易分割の要件を満たすべく、恣意的に分割資産を圧縮調整することはおすすめできません（注）。

　ちなみに、株式移転では総会決議は必須であり、簡易株式移転の制度はありません。【Q24】でもお伝えしたように、多くの場合、とりわけ上場会社においては、会社分割のほうが手続全体の負担は軽くなりますので、特に支障がない限りにおいて会社分割スキームを採用する、ということも、ご質問への回答となりえます。

　このほか、一定の要件を満たすことにより、個別の法的手続を省略することもできます。たとえば、会社分割における分割会社の債権者保護手続は省略が可能であり、【Q65】で説明します。

【注】

　吸収分割における承継会社（分割準備会社）側でも分割会社に交付する対価が純資産の5分の1以下等の一定の要件を満たすことにより簡易分割の適用は可能だが、株主は親会社しかいないので総会開催の実務負担はあまりなく、ほとんど論点にはならない。

　また、親会社に90％以上の議決権を保有されている会社が株主総会を省略できる「略式組織再編」の制度もある。

Q63 簡易分割に該当するかどうかの判断は、どの時点の財務数値で行うのか

　ご質問の点は会社法施行規則に定めがあり、新設分割であれば分割計画を作成した日（取締役会の承認日）、吸収分割であれば分割契約書の締結日（通常、同様に承認日）とされています。もしくは、それらの日から効力発生日の前までの任意の時点とすることもできますので、**一般的には、取締役会決議の日から効力発生日までの間のいずれかの月末日、できれば中間もしくは四半期決算日**とすることになります。通常は取締役会決議の時点では要件の充足が未確定のため、直近決算時点の総資産を基準に、分割対象資産が上記の時点でその5分の1に収まるかどうかの見通しを立てることになります。

　したがって、効力発生日までに分割対象資産が現状よりも相当程度増えたとしても、余裕をもって5分の1以下に収まることが確実視されるときでないと、簡易分割は採用しにくいといえます。【Q30】や【Q62】で、簡易分割に該当する場合でも、株主総会に付議するケースもあると述べましたが、その背景にはこのような事情もあります。といっても、計算の分子となる分割対象資産の大幅な増加、あるいは分母となる総資産の大幅な減少はある程度予測可能なので、そこは各社の考え方次第といえます。株主総会に付議して否決されるおそれはまずないと考えるのであれば、簡易分割を採用しないという判断もありうるでしょう。

　他方、一般的には定時総会にあわせてスケジューリングをするのですが、定時総会終了後に持株会社化の方針が決まり、できるだけ早期に実行したいケースもあるかもしれません。この場合、臨時株主総会を招集するのか、簡易分割として取締役会決議のみで進めるかは、実務負担のうえで大きな違いとなります。また、簡易分割の場合には、反対株主の株式買取請求権が生じないこともメリットの一つです。

Q64 持株会社化に反対の株主から株式買取請求がなされたら、どうすればよいか

　組織再編に反対する株主には、会社に対して株式の買取りを請求できる権利が与えられており、これを（反対株主の）株式買取請求権といいます。この権利を行使するためには、議決権のある株主は、①株主総会に先立って反対の意思を会社に通知し、②株主総会で議案に反対する、という2つの要件を満たす必要があります。そのうえで、会社分割、株式移転についてそれぞれ定められた期間に買取請求を行うことになります。買取請求がなされたときは、**会社は株主と買取価格について協議をし、協議が調わなければ、株主は買取請求を取り下げるか、あるいは会社が裁判所に価格決定の申立てを行って決定した価格で買い取る**ことになります。

　株式買取請求権は、合併や株式交換など他の組織再編に対しても認められている権利です。これは、合併によって他社と統合したり、分割によって重要な事業部門を他社に譲り渡したり、といった組織再編行為により保有株式の価値が毀損する可能性を考慮して、株主保護のために設けられた規定です。持株会社化のようなグループ内の組織再編であれば、親会社を頂点とするグループ全体の価値は不変であり、行使する意味合いは薄いと思われるうえ、上場会社の場合は反対であれば市場で売却することもできるので、事例も多くはありません。筆者のクライアントで行使されたのはある上場会社の会社分割の際の1件のみで、その株主はいわゆるアクティビストでした。

　持株会社化への反対を理由に、非上場会社の少数株主が株式を現金化する機会としてこの制度を活用する可能性もあります。行使されるケースはまれと思われるので、過度に身構える必要はありませんが、株主との関係に不安がある場合には、事前に対応策を検討しておくべきでしょう。

Q65 債権者保護手続は省略可能と聞いたが、その要件は何か

　債権者保護手続は、分割会社（自社）が「**重畳的債務引受**」を行うことで省略できます（注）。聞きなれない言葉かと思いますが、簡単にいうと、会社分割によって承継会社に移管した買掛金等の債務について、万が一承継会社が支払えなくなってしまった場合に、自社が肩代わりして支払う約束をすることです。債権者保護手続の目的は、当事会社から別の会社に債権が移ることによって債権者が不利益を被らないように事前に通知する（そして必要があれば異議申立てをする機会を与える）ことにあるので、分割会社が移した債務の支払に責任をもつのであれば、手続自体の必要性がなくなるからで

図表Ⅴ－1　重畳的債務引受のイメージ

［再編前の権利関係］

［通常の会社分割（新設分割の場合）］

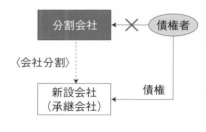

［重畳的債務引受（新設分割の場合）］

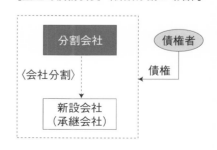

116

す。

　またこの債権者保護手続では、個々の債権者に個別に会社分割を行う旨等を文書で通知（個別催告）しなければなりませんが、官報公告に加えて、日刊新聞紙または電子公告を併用（ダブル公告）することにより個別催告を省略することができます。仕入先等の取引先が非常に多い大企業では特に有効な方法となります。日刊新聞紙による公告は、媒体にもよりますが総じて掲載コストが高いので、電子公告を行うのが一般的です。

　なお、承継会社（分割準備会社）側では債権者保護手続の省略はできません。といっても、承継会社はいわゆる受皿会社で事業活動は行っていないので、債務はほとんど生じていないでしょうから、法的手続はほぼ公告のみとなります。

【注】
　分社型分割の場合のみ省略可能であり、分割型分割の場合には省略できないが、持株会社化にあたり後者のスキームが採用されることは想定しにくい。なお、簡単に説明すると、分社型分割では分割対価の株式を自社が受け取り（新設分割の場合は子会社となる）、分割型分割は分割対価の株式を自社を経由して株主が受け取る（新設分割の場合は兄弟会社となる）。詳細は専門書を参照のこと。

Q66 持株会社と事業会社の資本金は、それぞれどのように考えればよいか

　資本金の額は会社の信用力を表しますが、重要なのは資本金そのものよりも資本剰余金や利益剰余金を加えた純資産の額のほうです。したがって過度に意識する必要はないのですが、とはいえあまり小さいと見栄えが悪いことは否めません。他方、資本金の額が５億円以上になると会社法上の大会社に該当し、持株会社傘下で非上場会社になっても会計監査人を置く必要があります。税負担の面でも、総じて資本金が小さいほうが有利となります。

　以上をふまえて、各社の事情にあわせて検討することになりますが、どれがよいということは申し上げにくいので、株式移転と会社分割の場合とで分けて、一般的にはどうしているかについて述べたいと思います。

　株式移転では、自社の100％親会社を新たに設立することになります。持株会社のバランスシートは、資産が移転前の自社の株式となり、その同額が資本（負債はゼロ）となります。法的にはこの資本の部（純資産）の内訳となる、資本金、資本準備金、その他資本剰余金は、株式移転計画書で任意の額を定めることができます。**上場会社の場合は、現在の自社の資本金と同額とすることが多く、事業会社のほうは、減資をするケースもあります。**

　会社分割では、分割対象資産と分割対象負債の差額が分割純資産となります。純資産の部の計上方法は会社分割の種類によって異なるのですが、持株会社化で想定される分社型分割の場合には（注）、株式移転と同様に、資本金、資本準備金、その他資本剰余金の内訳は、分割計画書や分割契約書で任意の額を定めることができます。多くの場合、資本金の増加額を必要最低限とし、それ以外をその他資本剰余金として計上します。**新設する事業会社は非上場のため、資本金を１億円以下にするケースが多いように思われます。**
【注】
　【Q65】の注を参照のこと。

Q67 債権者保護手続で個別通知を出す対象となる債権の額は、いくら以上と考えればよいか

　再編の実務の打合せのなかで、よくいただく質問です。なぜなら、法律上は、「知れたる債権者」に「各別に催告」しなければならないとあるのみで、「●万円未満の債権者は対象外」といったことは定められていないためです。この「知れたる債権者」とは、自社が債務を負っているという事実を認識している取引先すべて、と解されています。会社法に忠実に対応しようとすれば、電気や水道等の料金や期日払いの事務用品代など、すべての債権者に個別に催告書を郵送する必要が生じるわけですが、事務負担も膨大なうえ、はたして意味があることなのかと、まじめな実務担当者は悩んでしまうことになります。

　特段の根拠はないのですが、これまでの経験上、現場の実務としては、「10万円以上の債務」を一つの目安と考えています。本音をいえば、100万円ぐらいでもよいように思うのですが、とにかく根拠がないですから、専門家としては保守的に助言せざるをえません。ただ、常識的な感覚で、さすがに10万円未満の債務まで催告する必要はなかろう、と判断しています。この10万円基準は、これまで何人もの司法書士や弁護士と話をしてきましたが、少なくとも明確に否定されたことはないので、よい線ではないかと考えています。

　【Q65】の繰り返しになりますが、重畳的債務引受を行えば、分割会社の債権者保護手続は省略できます。100％親子間のグループ内再編ですから、通常はこの重畳的債務引受を行い、個別催告は吸収分割の場合の承継会社のみが対応すればよいことになります。承継会社は受皿会社で、債務はほとんど生じていないため、上記の方針で対応すれば、個別催告はほぼ不要ということになります。

　法律で定められた手続について、「絶対にやらないといけないのか」「やらないとどうなるのか」といった質問を受けることがたまにあります。

　法的手続のゴールは、株式移転や会社分割の登記（法的手続の完了）ですから、**登記書類は必須であり、その書類に結びつく諸手続、たとえば株主総会手続も必須**となります。これを行わないと持株会社化ができなくなるため、法的手続の観点からは、登記が通るように進めることが最優先事項です。

　登記に必要な書類をすべて整えたとしても、法が定める行為を適切に行わないと、不利益を被った利害関係者（株主、債権者、労働者、等）に提訴された場合、**裁判所に再編行為を無効とされるおそれ**があります。たとえば、労働者保護手続をまったく行わずに会社分割を進め、労働者に大きな不利益が生じて裁判になった場合には、会社分割が無効になることもありえます。手続自体は行ったが、法の要件に照らして手続上の瑕疵があったのであれば、その程度や影響の大きさによって、無効とされるか、分割自体は有効だが労働者の不利益を個別に救済させられることになるでしょう。あるいは瑕疵が軽微であれば、お咎めなしとできるかもしれませんが、訴訟対応には大変な労力がかかりますし、企業価値向上を目指した持株会社化なのに対外的なイメージダウンや従業員のモチベーション低下を招くことにもなってしまいます。

　一方で、具体的な実務に携わっていると、本当に必要かと疑問を感じる手続があることも事実です。一例として、債権者保護手続の個別催告には金額に基づく除外規定はないのですが、【Q67】で説明したように、債権者すべてに催告書を郵送するケースはまずないかと思います。また、吸収分割の承

継会社（分割準備会社）側の株主への通知（または公告）手続は、株主、つまり100％親会社である分割会社に対して分割対象事業を承継する旨を記載した書面を送ることになるのですが、実質的には意味のない手続といってよいと思います。

　とはいえ、生兵法は大怪我の基ともいいますので、基本的には決められた法的手続をしっかりと履行することをおすすめします。疑義が生じた場合には、思い込みで判断することなく、弁護士や司法書士に相談しながら対応するようにしてください。

Q69 労働者保護手続のなかで、異議を申し立てられたら、どうすればよいか

　よくいただく質問です。ただし、実際には異議申立て自体があまりあることではなく、また申し立てられても問題がないケースが多いので、あまり心配することはないと思います。

　まず、異議を申し立てることができる従業員（労働者）は、法律で要件が決まっており、だれにでもできるわけではありません。**異議申立てができるのは、分割する事業に従事しているが転籍しない人、分割する事業に従事していないが転籍する人**、です。一般的には、分社する事業部に所属しているのに転籍しない人、所属していないのに転籍する人、が該当することになるでしょう。会社分割は事業をそっくり他の会社に移管する行為であり、このような人は通常はあまり多くはいないはずです。したがって、もし異議申立てがあったときは、まずその人が要件に合致するかを確認し、そうでない場合には、その旨を説明すれば大丈夫です。

　要件に合致する人に異議を申し立てられたら、事業に従事していない人を転籍させることはできませんし、その逆で事業に従事している人を転籍させないこともできません。このような人、つまり異議申立ての権利が生じる対象者がいる場合には、事前に個別に説明をして同意を得ておくことになります。少なくとも筆者が関与した案件では、同意を得ずに見切り発車してしまう例はありませんでした。従業員だから大丈夫、と口頭同意だけにはせず、同意書を取得しておくことをおすすめします。

　以上をふまえると、丁寧に手続を進めていけば、異議申立てができる対象者はいなくなり、したがって仮にだれかが異議を申し立てても法的にはなんら問題ないということになります。といっても、後者のような申立てが出るということは、従業員が理解していない、説明が足りていない、ともいえます。労働者保護手続の概要は、【Q33】で述べたとおりですが、このプロセ

図表Ⅴ－2　労働者保護手続のなかで異議申立てができる従業員

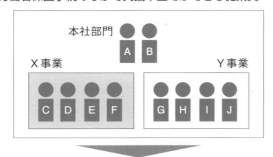

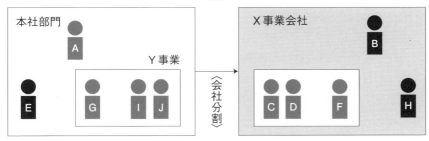

異議申立てができる従業員

スをふまえてそれぞれの立場の従業員にしっかりと説明するとともに、気軽に質問できるようにするなど、誤解を防ぐための取組みも必要となります。

また、複数の事業を兼務している従業員は、対象事業に従事している時間や果たしている役割等を総合的に勘案して判断するとされていますが、このような従業員に対しては、いっそう丁寧な対応が求められます。

Q70 無対価分割とは何か

　無対価分割とは、文字どおり分割対価のない会社分割のことをいいます。通常の会社分割では、分割会社は資産と負債を承継会社に移転するかわりに、移転した資産と負債の差額（分割純資産）に見合う株式等の交付を承継会社から受けますが、**100％親子間の吸収分割の場合、この株式等の交付を省略**することができます。

　連結ベースでみた場合には、有対価も無対価も会計上の違いはありませんが、持株会社（分割会社）の個別の財務諸表には大きな違いが生じます。図表Ⅴ－3のとおり、対価として承継会社から株式の交付を受けた場合（有対価）には、分割した資産と負債の差額見合いの額が子会社株式として資産計上されますが、無対価の場合には資産と負債の差額はそのまま純資産の減少となることに注意が必要です。

　なお、事業会社（承継会社）の側においては、持株会社（分割会社）とは異なり、対価の有無によって会計上の処理が変わることはありません。

　新設分割の場合には、設立と同時に対価となる株式を発行する必要があるため、無対価分割はありません。

図表Ⅴ－3　有対価分割と無対価分割の会計処理の違い（持株会社）

有対価分割の仕訳			
負債	40	資産	100
子会社株式	60		

無対価分割の仕訳			
負債	40	資産	100
純資産	60		

Q71 分割スキームの場合、分割する事業に帰属する資産・負債はすべて分割対象としなければならないのか

　会社分割の基本的な考え方は、分割する事業に関する権利・義務を承継会社に包括的に承継させることであり、原則論でいえばご質問のとおりとなります。といっても、どの資産が分割事業に紐付いているかは多分に解釈の余地があるため、**実務上はある程度自由に選択すること**が可能です。特に現預金や借入金については、いくらが分割対象事業に係るものでいくらがそれ以外かという線引きはできないため、分割対象となる資産と負債の差額、つまり分割純資産を自社が想定する範囲内に収めるための調整弁として活用することができます。

　たとえば、新設分割において、現預金を除く分割対象資産が100億円、借入金を除く分割対象負債が90億円としましょう。この場合、新会社のバランスシートは、総資産100億円、純資産10億円となり、純資産比率は10％です。事業規模や事業特性を考えたときに、この新会社の純資産額が小さすぎる、純資産比率10％が低すぎる、と判断するのであれば、現預金を20億円加えて分割対象資産を120億円とすれば、総資産は120億円、純資産は30億円、純資産比率は25％となります。他方、この分割純資産は税務上の資本金等の額を形成するため、必要以上に大きくなることで、【Q7】で述べた組織再編後の法人住民税均等割などの税金負担を増やすことにならないかにも、注意が必要です。

　別の論点として、【Q32】で述べた不動産取得税の非課税要件も押さえておかなければなりません。

　以上のようなことを考慮しながら、いくつかのシナリオを比較検討して、分割対象資産・負債を実際にどうすべきかを決定することになります。

Q72 株式移転後に配当を支払う場合、その原資はどうすればよいのか

　【Q66】で説明したように、株式移転により設立された持株会社のバランスシートは、資産は移転前の自社の株式のみ、負債はなく、純資産は資産と同額で、その内訳は資本金、資本準備金、その他資本剰余金となります。このように、株式移転をした直後の持株会社は、まず支払う現金がありませんし、借入金等で調達したとしても、設立直後のため利益剰余金もありません。特に上場会社の場合には、配当ができないと大変困ったことになりますが、実務上はいくつかの対処法があります。

　具体的な例でみていきましょう。3月決算の会社が4月1日付で株式移転をしたとします。一般的に3月決算であれば配当基準日は3月末とされているので、6月に決算配当を行う際には、**新設の持株会社ではなく既存の事業会社のほうから、3月末時点の株主に対して配当**することになります。

　翌年の配当は当然持株会社が行います。事業会社とあわせて3月決算にしたとすると、設立から1年経っていますので、その間に持株会社として利益剰余金を計上することができれば、それが配当原資となります。といっても、持株会社は事業を行っていないので、持株会社化前と同様の配当原資を確保することはむずかしいことが多いと思います。持株会社の収益が十分でない場合には、事業会社から持株会社に配当をさせて、それを持株会社の配当原資にすることができます。初年度中に受け取らないと翌年6月の配当原資にできませんので、事業会社は中間配当等により期中に支払う必要があります。持株会社化と同時に事業会社は100％子会社となりますので、その時期や額の決定に関する制約は多くはありません。

　もう一つの方法は、**利益剰余金からではなく、その他資本剰余金から配当**することです。会社法上の分配可能限度額の計算上は、利益剰余金も資本剰余金も同様に配当原資とされています。ただし、前者は利益の分配であるの

に対し、後者は資本の払戻しとなるため、税務上の取扱いが異なる点に留意すべきです。実行にあたっては、株主に対して丁寧に説明することが必要となります。

VI

持株会社化・
その他の論点
（主に非上場会社を念頭に置いた場合）

Q73 なぜ持株会社化すると相続税評価額が下がるのか

　オーナー企業においては、持株会社化が相続税対策に活用されることがあります。実際に持株会社化には相続税法上の株価を下げる効果がありますが、その逆に思わぬ株価の上昇を招くおそれもありますので十分に注意すべきであり、その仕組みをオーナーご自身がよく理解して決断することが不可欠です。株価の計算結果は企業の状態によって常に変動するものであり、ある一時点のみをもってよしとはできない点にも留意が必要です。

　詳細な解説は専門書に譲り、ここではご質問にお答えするかたちで、ポイントのみを説明したいと思いますが、株価計算の仕組みのごく基本的なところだけ最初に確認しておきます。冒頭に記載した趣旨をふまえ、配当還元価格は考慮しないとすると、まず株価の計算方法は、類似業種比準方式（以下「類似方式」）と純資産価額方式（以下「純資産方式」）があり、企業規模の大中小によって、適用する方法が変わります（図表Ⅵ－1）。純資産方式は、税

図表Ⅵ－1　会社規模の違いによる相続税評価額の
計算方法の折衷割合

		類似		純資産
大会社	▶	100	+	0
中会社	中会社・大	90	+	10
	中会社・中	75	+	25
	中会社・小	60	+	40
小会社	▶	50	+	50

　（注）　上記折衷割合に基づく計算結果と純資産方式のみ
　　　　の計算結果の有利なほうを採用できる。

図表Ⅵ－2　類似業種比準方式における株価の算定式

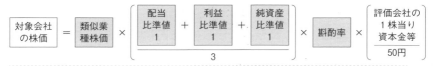

類似業種株価：評価会社が属する業種の上場会社の平均株価。具体的数値は国税庁から発表
配当比準値　：評価会社の1株当り配当÷類似業種の1株当り配当
利益比準値　：評価会社の1株当り利益÷類似業種の1株当り利益
純資産比準値：評価会社の1株当り純資産÷類似業種の1株当り純資産
斟酌率　　　：小会社0.5、中会社0.6、大会社0.7

法独自のルールはありますが、おおむね一般的な会計上の純資産と近しい額になると理解していただいてかまいません。類似方式の計算式は図表Ⅵ－2のとおりであり、配当、利益、純資産（注）が増減すると、株価も増減することになります。

　では、持株会社化がこれら3要素にどんな影響を与えるのかですが、まず配当は無関係です。事業を行わなくなるので、利益は大きく減少します。純資産は一見無関係であり、実際に類似方式の計算には影響しませんが、純資産方式では、賃貸不動産は借地権割合および借家権割合に応じて評価額を減少させるという税法のルールがあるため、**持株会社が不動産を保有して事業会社に賃貸すれば、不動産価値が下がり純資産は減少**します。さらにこの純資産は、毎年の利益が剰余金として積み上がることで年々増加していきますが、**持株会社では利益が抑えられており、事業会社側で積み上げた利益は持株会社側の資産価値（子会社株式）の計算上、法人税分を控除するので、毎年の純資産の上昇幅が抑制**されます。おおむね以上が持株会社化による株価抑制の仕組みです。

　その一方、冒頭で触れたように、株価が上昇することもあります。一つは、持株会社化によって企業規模の区分が変わることで、株価が高く計算されがちな純資産方式の折衷割合が増えるためです。もう一つは、これが最も注意すべき点ですが、持株会社が株式等保有特定会社（総資産に占める株式等の割合が50％以上の会社）に該当した場合には、折衷割合が増えるところ

か、100％純資産方式で評価することになるためです。このほか、上がるか下がるかはケースバイケースですが、持株会社化によって業種区分が変わり、適用される類似業種が変わるということもあります。

さまざまな要素とその変化を総合的に考えていく必要があるので、株価抑制を期待して持株会社化する際には、専門家を交えた慎重な検討やシミュレーションが不可欠といえます。それ以前に、繰り返しになりますが、株価抑制を主目的とする持株会社化は、経営面でマイナスの効果を生じるおそれがあることに加え、税務署に否認されるリスクも大きいため、実施すべきではありません。

【注】
　類似方式における純資産は、資本金等の額＋利益積立金額で算定するため、不動産評価額の変動には影響されない。純資産方式における純資産とは算定方法が異なる点に注意。

Q74 非上場オーナー企業に特有の持株会社化のメリットは、株価抑制以外にはないのか

　非上場企業オーナー企業でも、それ以外の企業と同様に、【Q1】や【Q2】で述べたような経営上のメリットは、もちろん期待することができます。これらのほかに、非上場オーナー企業に特有のメリットとして考えられるのは、**外部株主の影響の排除**があげられます。

　支配株主であるオーナー一族のほかに、会社関係者ではない少数株主がいる会社を想定します。持株会社がなければ、各株主は直接自社の株式を保有しますが、持株会社を設立すれば、各株主が保有するのは持株会社の株式となり、事業の主体である自社の株式は間接的に保有するかたちになります。これにより、議決権は持株会社の株主総会で行使されることになるため、自社の意思決定に対する関与を防ぐことができますし、株主総会の招集請求権や議案提出権など少数株主でも行使できる権利は議決権のほかにも少なくないため、少数株主との関係が悪化してしまった場合などは、権利の濫用から自社を守る効果も期待できます（注）。

　しかしよく考えますと、このオーナーにとってのメリットとは、少数株主の側からすると、デメリット以外の何物でもありません。そこで、株主の権利を保護するために、親会社（持株会社）株主が子会社（事業会社）取締役に対して株主代表訴訟を提起することを認める制度（多重代表訴訟制度）や、親会社が重要な子会社の株式を譲渡しようとするときに自社の事業譲渡などと同様に株主総会の特別決議を必要とするなどの法改正がなされることとなりました。上場企業が持株会社化する際には、金融商品取引法に定めるルールの遵守は当然のこと、積極的な情報開示や透明性の高い事業会社の運営を行わないと、株価に悪影響を与えるおそれがあると考えるべきでしょう。

　また、非上場オーナー企業においてよくあるケースとしては、将来の事業

承継を見据えて、会社を事業別に2つに分けて、たとえば兄と弟にそれぞれの事業を任せるといったときに持株会社が活用されることもあります。

【注】
　多くはないが、本文中でも触れている株主代表訴訟を提起する権利や、計算書類の閲覧請求権など、親会社の株主が子会社である事業会社に対して行使できる権利もある。

Q75 複雑な持合い構造のグループ会社群を持株会社傘下に整理する場合の進め方は？

　多くの親族やグループ会社、時には外部株主等も含めて株式を複雑に持ち合っている企業グループから、資本関係を整理したいという相談を受けることがあります。株式の複雑な持合いは節税目的で行われるケースが多いのですが、その後の相続等による株式の異動でさらに関係が複雑化して、グループ会社のガバナンスに支障をきたしたり、M&A等によるグループ再編の妨げになったりすることがままあります。このようなグループ会社群を整理する際には、持株会社を活用するとスムーズに進められます。具体的には、**グループ会社のいずれかを持株会社とする株式交換**を行います。株式交換のイメージは図表Ⅵ－3のとおりです。

　株式交換の手順としては、まずグループ内のどの会社を持株会社にするかを決めます。グループの中核的な会社を選択するケースが大半ですが、場合によっては、資産管理会社的な位置づけの会社を持株会社にすることもあります。各社の株価算定に基づく交換比率の決定後、持株会社とする会社と他

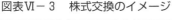

図表Ⅵ－3　株式交換のイメージ

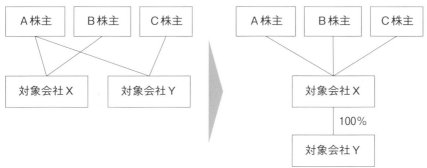

の会社とがそれぞれ株式交換契約を締結します。各社の株主総会特別決議を経て株式交換が実行されると、各社は持株会社傘下の100％子会社となり、各社の株主は交換比率に基づいて持株会社の株主となります。

　中核的な会社を持株会社とした場合、この時点では事業持株会社となります。このままでも冒頭の目的を果たすことはできますが、もちろんここから株式移転や会社分割を行って純粋持株会社体制にすることも可能です。

　すでに述べたとおり、持株会社化には、「グループ再編型」と「経営統合型」があり、本書ではここまでグループ再編型について解説してきました。最後に、「経営統合型」についてもその枠組みを簡潔に紹介しておきたいと思います。

　経営統合型の持株会社化は、**別々の企業グループが経営統合する場合**に、**持株会社をいわば連結器として活用し、その傘下に両社を併存**させる方法です。具体的には、統合する複数の企業（または企業グループの中核会社）が、共同で株式移転を行います。統合後も傘下の事業会社をそのまま存続させるケースもありますが、いったんは持株会社傘下で両事業会社を併存させつつ機が熟したら合併する、というケースもよくみられます。たとえば、三越伊勢丹ホールディングスは、2008年に伊勢丹と三越の共同株式移転によって設立され、その後2011年に事業会社である伊勢丹と三越を合併させています。

　また、多くの場合は２社による統合となりますが、３社以上の統合も可能です。みずほフィナンシャルグループは、2000年に「第一勧業銀行」「富士銀行」「日本興業銀行」の３行が共同株式移転によりみずほホールディングスを設立して経営統合を果たし、その後度重なるグループ再編を経て、現在に至っています。

　共同株式移転の具体的な手順は、当事者間で統合に大筋合意したところで、統合の基本合意書を締結、各社の株価算定を行って移転比率を決定し、最終的な統合条件を盛り込んだ共同株式移転契約を締結します。各社の株主総会特別決議を経て、共同株式移転が実行されると、現在の各社の株主が移転比率に基づいて新しく設立された持株会社の株主になります。単独の株式移転と同様に、この段階では持株会社は各事業会社の株式を保有しているだけのハコにすぎないので、必要な資産や人員等を移管させて、持株会社とし

ての機能を発揮できるようにしていきます。

　同じ持株会社化でも、共同株式移転はグループ内の組織再編とは異なり、M&Aの一形態ですので、独占禁止法に定める届出等に留意する必要があります。

おわりに

　戦後の財閥解体以降、事業支配力の過度の集中を防ぐため、純粋持株会社は長らく禁止されていました。しかし、バブル崩壊後の不況と金融収縮のなか、経営統合やリストラクチャリングの推進等の足枷になっているとして、産業界は規制緩和を強く求めていました。このような時代背景のもと、純粋持株会社は1997年に解禁され、その後グループ経営の推進を強力に後押しする組織体制として広く認知されるところとなり、現在では500社以上の上場会社グループが採用しているといわれています。かつてはやや聞きなれない響きが伴った「○○ホールディングス」という商号も、近年ではすっかり一般的な用語として定着した感があります。

　解禁後の初の上場純粋持株会社は、1997年から2年を経た1999年4月に誕生した大和証券グループ本社といわれています。産業界の要望で解禁されたものの、実際に採用するにあたっては、検討に相応の期間を要したことがうかがえます。解禁当初はまだ様子見ムードが強く、移行の動きが本格化するのは2000年代半ばまで待つ必要がありました。

　当社（当時はUFJ総合研究所）に具体的な案件の相談が入り始めたのもその頃からで、筆者自身は2008年に初めての持株会社体制への移行支援の案件に携わることになりました。円滑な移行の実現をサポートし、役割を果たすことはできたと自負していますが、当時は事例も限られており、それ以上に当方の経験値も心もとなく、何かと手探りを余儀なくされたことをよく覚えています。

　それから十数年を経て、ここ数年では、毎年数十社の企業グループが持株会社化する時代になりました。グループ組織体制に正解というものはありませんが、激変する経営環境に適応するための一つの解が持株会社体制であることに疑いの余地はないと思います。

　本書は、厳しさを増す経営環境のなかで、企業価値向上を目指す企業が持

株会社化を検討するきっかけや、その後の具体的な検討の一助になればとの思いで書き上げました。余談となりますが、その多くの時間は、新型コロナウイルス感染症に対応した政府の緊急事態宣言下で、お客様に訪問することもかなわずに在宅勤務を続けるなかで捻出したものです。2020年の初めにはまったく予想もしていなかった事態に巻き込まれ、それが経済界にも未曽有の影響をもたらして、世界中に拡大しています。この戦後最大ともいえる危機の克服は、企業経営者やそれを支える多くのビジネスパーソン一人ひとりの奮闘努力や創意工夫によるしかありません。1社でも多くの企業がこの難局を乗り越え、打ち勝ち、さらなる企業価値の向上へと歩んでいくことを願ってやみません。

2020年10月

黒田　裕司

参考文献

【書籍、論文等】

『持株会社の実務［第 7 版］』　發知 敏雄、箱田 順哉、大谷 隼夫　東洋経済新報社

『持株会社の運営・移行・解消の実務』　新日本有限責任監査法人、EY税理士法人、EYトランザクション・アドバイザリー・サービス株式会社　中央経済社

『グロービスMBAマネジメント・ブック［改訂 3 版］』　グロービス経営大学院　ダイヤモンド社

『明解 税務─税務資料』　三菱UFJリサーチ＆コンサルティング株式会社

税経通信「持株会社の会計処理と税務の特徴」　関 浩一郎、菅野 貴弘　税務経理協会

『図解 連結納税早わかり』　福薗 健　中経出版

「株式実務ガイド 会社分割・事業譲渡等の実務─平成26年改正会社法対応版─」　株式会社プロネクサス

「株式実務ガイド 株式交換・株式移転の実務─平成26年改正会社法対応版─」　株式会社プロネクサス

「"日本的"持株会社経営の今」　川村 倫大　三菱UFJリサーチ＆コンサルティング株式会社

「グループ経営推進のための管理ルールとその運用」　黒田 裕司　株式会社UFJ総合研究所（現・三菱UFJリサーチ＆コンサルティング株式会社）

「純粋持株会社の収益管理」　園田 智昭　『三田商学研究』　慶應義塾大学出版会

「連結納税制度を見直し「グループ通算制度」導入へ」　デロイト トーマツ税理士法人　公認会計士・税理士 大野 久子『会計情報』　デロイト トーマツ

「純粋持株会社における全体最適と部分最適」　福田 淳児　『管理会計学』　日本管理会計学会誌

「純粋持株会社化の影響に関する初期的検討」　松田 千恵子　『危険と管理』　日本リスクマネジメント学会

「経営管理に対する対価についてのアンケート調査報告」　谷尾久幸、佐野暢彦　みずほ総合研究所株式会社

「持株会社はどのような子会社管理を行っているか」　谷尾久幸、佐野暢彦　みずほ総合研究所株式会社

「持株会社本社の統治力としての求心力とは何か」　頼 誠、淺田 孝幸、塘 誠　『メルコ管理会計研究』　公益財団法人 メルコ学術振興財団

「平成25年純粋持株会社実態調査─平成24年度実績─」　経済産業省

「平成26年純粋持株会社実態調査─平成25年度実績─」　経済産業省

「平成27年純粋持株会社実態調査─平成26年度実績─」　経済産業省

「平成30事務年度 法人税等の申告（課税）事績の概要」 国税庁

「連結納税制度に関するアンケート結果概要」 一般社団法人 日本経済団体連合会

「決算短信集計結果 2018年度（2018年4月期～2019年3月期）」 株式会社日本取引
所グループ

「持株会社とグループ経営—効率性の追求と企業価値増大のための経営戦略—」 T.
Yanagisawa

【各社プレスリリース等】

「大和証券の持株会社化および大和証券と住友銀行の戦略的提携について」 大和証
券株式会社（1998年7月28日）

「大和証券の持株会社化および大和証券と住友銀行の戦略的提携について（記者会
見用資料）」 大和証券株式会社（1998年7月28日）

「富士電機グループ 純粋持株会社制への移行準備について」 富士電機株式会社
（2003年1月30日）

「分社・持株会社制への移行とグループ経営体制の変更について」 旭化成株式会社
（2003年5月9日）

「国際石油開発株式会社と帝国石油株式会社 共同株式移転契約締結のお知らせ」
国際石油開発株式会社、帝国石油株式会社（2005年11月5日）

「会社分割による純粋持株会社体制への移行に関するお知らせ」 シチズン時計株式
会社（2006年10月26日）

「経営統合に関する基本合意について」 株式会社大丸、株式会社松坂屋ホールディ
ングス（2007年3月14日）

「株式会社伊勢丹と株式会社三越との共同持株会社設立による経営統合に関するお
知らせ」 株式会社伊勢丹、株式会社三越（2007年8月23日）

「会社分割による持株会社制への移行および商号変更に関するお知らせ」 東邦薬品
株式会社（2009年1月6日）

「富士電機グループ 事業体制再編について」 富士電機ホールディングス株式会社
（2009年6月18日）

「連結子会社の統合準備開始に関するお知らせ」 富士電機ホールディングス株式会
社（2010年5月25日）

「子会社の合併等のグループ内組織再編とそれに伴う商号変更についてのお知らせ」
株式会社三越伊勢丹ホールディングス（2011年1月28日）

「2010年度 決算説明会」 富士電機株式会社（2011年4月28日）

「イオンクレジットサービス株式会社と株式会社イオン銀行による株式交換契約締
結及び持株会社体制への移行を目的とする経営統合契約締結のお知らせ」 イオ
ンクレジットサービス株式会社、株式会社イオン銀行（2012年9月12日）

「会社分割（簡易新設分割）による持株会社体制への移行および定款変更に関する

お知らせ」 株式会社ファンケル（2013年5月14日）

「連結子会社の吸収合併（簡易合併・略式合併）に関するお知らせ」 旭化成株式会社（2015年3月3日）

「定款一部変更に関するお知らせ」 東邦ホールディングス株式会社（2015年5月21日）

「定款の一部変更に関するお知らせ」 株式会社コネクトホールディングス（2015年11月27日）

「事業持株会社体制への移行準備開始に関するお知らせ」 シチズンホールディングス株式会社（2016年2月12日）

「完全子会社の吸収合併（簡易合併・略式合併）に関するお知らせ」 株式会社ファンケル（2017年1月16日）

「組織変更及び人事異動に関するお知らせ」 株式会社ファンケル（2017年1月30日）

「連結子会社及び連結孫会社の吸収合併並びに定款の一部変更（事業目的の変更）に関するお知らせ」 山田コンサルティンググループ株式会社（2017年11月16日）

「持株会社体制への移行準備開始に関するお知らせ」 株式会社TATERU（2018年8月3日）

「（開示事項の経緯）持株会社体制への移行に伴う子会社（分割準備会社）の設立に関するお知らせ」 株式会社TATERU（2018年8月23日）

「銀行持株会社から事業会社への移行ならびに会社分割による組織再編に関するお知らせ」 イオンフィナンシャルサービス株式会社（2019年1月21日）

「（開示事項の変更）持株会社体制への移行予定日変更に関するお知らせ」 株式会社TATERU（2019年2月13日）

「持株会社体制への移行及び会社分割（簡易新設分割）による子会社設立に関する検討開始のお知らせ」 株式会社リミックスポイント（2019年2月14日）

「国際石油開発帝石10年の歩み 融合・挑戦 そして未来へ」 国際石油開発帝石株式会社（2019年4月）

「持株会社体制への移行及び会社分割（簡易新設分割）による子会社設立に関する検討中止のお知らせ」 株式会社リミックスポイント（2019年5月15日）

「（開示事項の中止）持株会社体制への移行中止に関するお知らせ」 株式会社TATERU（2019年11月11日）

「中間持株会社の設立と同社による子会社株式の取得について」 株式会社リミックスポイント（2020年3月25日）

「監査等委員会設置会社への移行および持株会社体制への移行に関するお知らせ」 東部ネットワーク株式会社（2020年3月26日）

「（開示事項の中止）監査等委員会設置会社への移行および持株会社体制への移行中止に関するお知らせ」 東部ネットワーク株式会社（2020年4月24日）

【Webサイト】
公正取引委員会（共同株式移転の届出制度）
相鉄ホールディングス株式会社（コーポレート・ガバナンス）
大和総研グループ（持株会社化）
東京都主税局（会社分割に係る不動産取得税の非課税措置について）
株式会社みずほフィナンシャルグループ（全体図（統合の変遷）、他）
株式会社ジー・スリーホールディングス（沿革）
山田コンサルティンググループ株式会社（沿革）

事項索引

■ 著者略歴 ■

黒田　裕司（くろだ・ゆうじ）

三菱UFJリサーチ＆コンサルティング株式会社　コーポレートアドバイザリー部長　プリンシパル
中小企業診断士
明治大学（大学院グローバル・ビジネス研究科）兼任講師
東京都立大学法学部卒。総合商社を経て、2002年に株式会社UFJ総合研究所（現三菱UFJリサーチ＆コンサルティング株式会社）入社。中期経営計画策定やグループ経営管理等の支援に加え、持株会社化をはじめとする企業組織再編や、M&Aアドバイザリー、資本・業務提携、事業承継対策等、企業の資本周りの支援に幅広く関与。
著書に『営業マンは決算書のここだけみなさい！　—誰でもできる取引先の財務分析』（ダイヤモンド社）、『Q&Aで理解する中堅・中小企業向けM&A実務の基礎』（金融財政事情研究会・共著）、『事業再構築戦略シナリオ』（日本能率協会マネジメントセンター・共著）、『新登場P/L再生の実務　—B/S再生では企業再建は困難！』（銀行研修社・寄稿）等がある。

Q&A 持株会社化の考え方と進め方
──グループ経営高度化に向けた実務のポイント

2020年11月19日　第1刷発行

著　者　黒　田　裕　司
発行者　加　藤　一　浩

〒160-8520　東京都新宿区南元町19
発　行　所　一般社団法人 金融財政事情研究会
企画・制作・販売　株式会社きんざい
出 版 部　TEL 03(3355)2251　FAX 03(3357)7416
販売受付　TEL 03(3358)2891　FAX 03(3358)0037
URL https://www.kinzai.jp/

校正：株式会社友人社／印刷：株式会社日本制作センター

ISBN978-4-322-13577-0